Gesunde Rezepte
für gesunde Kinder

So schmeckt's richtig gut!

Gesunde Rezepte
für gesunde Kinder

So schmeckt's richtig gut!

MOEWIG

Erstveröffentlichung unter dem Titel »Good Food for Kids«
durch Hamlyn Octopus, einem Imprint der
Octopus Publishing Group Ltd
2-4 Heron Quays
Docklands
London E14 4JP
England

Genehmigte Lizenzausgabe für
edel entertainment GmbH, Hamburg
www.moewig.de

ISBN 978-3-927801-80-6

Übersetzung aus dem Englischen:
Sonja Kerkhoffs, Print & Screen Productions, Köln
Producing, Redaktion und Satz:
Print & Screen Productions, Köln

Printed in China

Hinweise
Wenn nicht anders angegeben, sind die Rezepte in diesem Buch abhängig von Alter und Appetit der Familienangehörigen für 4–6 Personen ausgelegt.

Es werden Standardlöffelmaße verwendet:
1 Esslöffel = 15 Milliliter
1 Teelöffel = 5 Milliliter

Backofen und Grill sollten vor Gebrauch vorgeheizt werden. Bei der Verwendung eines Umluftherdes sind die im Rezept angegebenen Temperaturen entsprechend der Herstellerangaben anzugleichen.

Wenn nicht anders angegeben, werden mittelgroße Eier, Vollmilch, frisch gemahlener schwarzer Pfeffer und frische Kräuter verwendet. Bei der Verarbeitung getrockneter Kräuter muss die im Rezept angegebene Menge halbiert werden.

Brühen und Fonds sollten nach Möglichkeit frisch zubereitet werden; entsprechende Rezepte finden Sie auf den Seiten 51 und 84. Alternativ bieten sich frische Fertigbrühen an, für Säuglinge sollten diese ohne Salz zubereitet sein.

Inhalt

Einleitung

Gutes Essen bereitet jedem Menschen großen Genuss – ob dem jüngsten, noch ausschließlich von Muttermilch ernährten Säugling oder dem ältesten Familienmitglied. Eine ausgewogene Mahlzeit schmeckt nicht nur gut, sie stärkt auch unsere Gesundheit. Im Grunde sind wir, was wir essen. Eine der wichtigsten Aufgaben junger Eltern ist es daher, ihre Kinder an eine Fülle von Nahrungsmitteln heranzuführen, die schmecken und zugleich die Gesundheit, Kraft und Leistungsfähigkeit der Kleinen fördern.

Dies stellt sie natürlich vor eine gewisse Herausforderung. Zunächst einmal müssen sie lernen, wann und wie sie die erste Beikost einführen, welche Nahrungsmittel sie dafür wählen und wie sie ihre Kinder anschließend dazu anregen, nach und nach dasselbe zu essen, wie der Rest der Familie. Ist ihr Kind ein kleiner Suppenkaspar, müssen sie sich außerdem intensiv mit den Ursachen seines problematischen Essverhaltens auseinandersetzen. Darüber hinaus werfen Berichte über Lebensmittelskandale regelmäßig die Frage auf, welche Nahrungsmittel tatsächlich gut für uns sind. Und nicht zuletzt müssen sie selbst als elterliche Vorbilder ihr eigenes Essverhalten sorgfältig prüfen, bevor sie ihre Sprösslinge konsequent an eine gesunde Ernährung heranführen können.

Was alle jungen Eltern brauchen – das zumindest sagt mir meine eigene Erfahrung als dreifache Mutter und langjährige Betreuerin junger Mütter – sind Ermutigung sowie solide, leicht verständliche, praxisbezogene Alltagstipps. Und genau dies bietet der erste Teil dieses Buchs!

Im zweiten Teil finden sich zahlreiche leckere Rezepte für die ganze Familie. Jedes davon enthält Tipps, ob und wie Sie das jeweilige Gericht an die Bedürfnisse von Säuglingen anpassen können. Auf diese Weise erhält die ganze Familie dieselbe gesunde hausgemachte Kost.

Denken Sie immer daran, dass Ihre Kinder auch als Erwachsene von der gesunden Ernährung profitieren werden, die sie während ihrer Kindheit zu sich genommen haben. Das liegt zum Teil daran, dass sie sich höchstwahrscheinlich auch in späteren Jahren so ernähren werden, wie sie es als Kind gelernt haben. Und eine gesunde Ernährung im Erwachsenenalter beugt erwiesenermaßen zahlreichen Krankheiten vor, wie Altersdiabetes, verschiedenen Krebsarten, Parodontose, Osteoporose sowie Herzattacken und -infarkten.

Studien haben gezeigt, dass sich die Art und Weise, wie wir unsere Kinder ernähren, bis weit ins Erwachsenenalter hinein auswirkt. Dies ist eine der wichtigsten Erkenntnisse der modernen Ernährungswissenschaft. Sie unterstreicht, wie entscheidend es ist, Säuglinge und Kleinkinder von Anfang an eine gesunde Ernährung heranzuführen.

Penny Stanway

GESUNDE ERNÄHRUNG

Eine gesunde, ausgewogene Ernährung ist im Hinblick auf Nährstoffe und Kalorien optimal auf die Bedürfnisse des Einzelnen abgestimmt. Sie bildet die Grundlage für ein gesundes Leben.

Säuglinge benötigen in den ersten 4–6 Monaten ausschließlich Milch, am besten Muttermilch. Die erste Beikost können sie ab dem 4. Monat erhalten. Vielen 4–5 Monate alten Babys reicht eine höhere Gabe Milch allerdings völlig aus. Übereilen Sie die Einführung der Beikost daher nicht. Ihre Milchproduktion können Sie innerhalb von 2–3 Tagen auf natürliche Weise ankurbeln, indem Sie Ihr Kind öfter und eventuell länger stillen als zuvor.

Im ersten Lebensjahr ist Milch das wichtigste Nahrungsmittel eines Kindes. Erst danach passt es seine Ernährung allmählich an die der restlichen Familienmitglieder an. Milch bleibt aber wichtig, weil sie relativ viel Fett enthält, und Kinder unter 5 Jahren benötigen zum Wachstum mehr Fett als ältere Kinder und Erwachsene.

DIE ERNÄHRUNGSPYRAMIDE

Die Ernährungspyramide erleichtert die Zusammenstellung einer nahrhaften und ausgewogenen Kost. Sie müssen nur

- Menge und Art der täglich angebotenen Nahrungsmittel gemäß den Proportionen innerhalb der Ernährungspyramide auswählen,
- die Vielfalt an Nahrungsmitteln in jeder Gruppe ausschöpfen,
- die Empfehlungen für Anzahl und Umfang der einzelnen Gaben einer Lebensmittelgruppe berücksichtigen.

UMGANG MIT DER ERNÄHRUNGSPYRAMIDE

Die Ernährungspyramide gliedert sich in 4 Ebenen, die die 4 wichtigsten Lebensmittelgruppen umfassen: Getreideprodukte, Gemüse und Obst, Proteinhaltiges sowie Fette und Süßigkeiten.

Die Größe der einzelnen Gruppen in der Grafik entspricht dem prozentualen Anteil an Nahrungsmitteln, die man aus diesen Gruppen täglich zu sich nehmen sollte. Sie müssen diese Vorgaben nicht sklavisch einhalten, Ausnahmen sind möglich, betrachten Sie dennoch einfach als Richtlinien, die es zu verinnerlichen gilt.

Je weiter unten sich eine Lebensmittelgruppe befindet, desto mehr Produkte daraus benötigen Sie, um sich gesund zu ernähren. Nahrungsmittel aus Getreideprodukten sollten demnach die Basis Ihrer Ernährung bilden. Von den Lebensmitteln der Pyramidenspitze, Fette und Süßigkeiten, sollten Sie folglich nur wenig verzehren.

APPETIT UND PORTIONSGRÖSSE

Nur wenige Kinder essen jeden Tag gleich viel. Unser Appetit hängt stark von unseren Aktivitäten, unserem aktuellen Befinden, den Tagestemperaturen und dem Gemeinschaftsgefühl beim Essen ab. Sorgen Sie sich daher nicht, wenn Ihr Kind mehr oder weniger isst als empfohlen; wenn die Vorgaben der Ernährungspyramide im Großen und Ganzen eingehalten werden und Ihr Kind wächst, sich gut fühlt und gesund aussieht, sind Anzahl und Größe der einzelnen Portionen nicht sonderlich wichtig.

Die folgenden Erläuterungen zur Ernährungspyramide enthalten Beispiele für die Menge einer Portion. Angaben in Bechern entsprechen dabei einem Volumenmaß von 250 ml, das entspricht etwa dem Inhalt eines handelsüblichen Sahnebechers.

GETREIDEPRODUKTE (erste Ebene)

Hierzu zählen Produkte aus Weizen, Gerste, Hafer, Roggen, Mais, Reis sowie aus Hirse und Dinkel.

JE EINE KINDGERECHTE PORTION BESTEHT AUS:

- 1 Scheibe Brot,
- ½ Becher gekochten Nudeln,
- ½ Becher Haferbrei,
- 25 g Frühstücksflocken oder
- ½ Becher gekochtem Reis.

Kinder unter 4 Jahren kommen meist auch mit geringeren Mengen aus. Lassen Sie sich bei der Bemessung der Portionsgröße vom gesunden Menschenverstand leiten – wenn Ihr Kind immer nur halbe Portionen verzehrt, reduzieren Sie Ihre Gabe einfach um die Hälfte. Bereichern Sie den Speiseplan aber auf jeden Fall mit verschiedenen Getreidesorten.

Säuglinge erhalten zunächst nur eine kleine Portion pro Tag; zum Ende des ersten Lebensjahrs können es dann bereits 3 oder sogar schon 4 Portionen sein. Das mag viel erscheinen, doch Kinder wachsen in keiner Lebensphase rascher als jetzt, und sie benötigen viel Energie. Einige werden sich allerdings auch lange nach ihrem ersten Geburtstag noch vorrangig von Milch ernähren.
1-Jährige können täglich 3–4 Portionen erhalten. Einen Großteil aller wichtigen Nährstoffe liefert auch jetzt noch die Milch.
Bei ***2- bis 6-Jährigen*** rechnet man mit 6 Portionen täglich. Für 2- bis 3-Jährige werden sie eventuell etwas kleiner bemessen, 4-Jährige verzehren jedoch oft schon ganze Portionen. Falls Ihr Kind Probleme mit dieser Getreidemenge hat, versuchen Sie, dies mit stärkehaltigen Produkten aus anderen Gruppen, wie Karotten, Erbsen, Bohnen oder Bananen, auszugleichen.

Ältere Kinder verzehren je nach Appetit 6–11 Portionen täglich.
6 Portionen mögen im ersten Moment viel erscheinen, kommen aber schnell zusammen, etwa mit
- einer Schale Frühstücksflocken,
- einem Stück Maisbrot als Zwischenmahlzeit,
- dem Thunfisch-Nudel-Auflauf (S. 49) zum Mittag,
- einer Scheibe Toast am Nachmittag und
- dem Gersteneintopf (S. 91) zum Abendessen mit
- dem Gebackenen Obst mit Streuselkruste (S. 104) als Nachtisch.

GEMÜSE UND OBST (zweite Ebene)

Die Lebensmittelgruppen der zweiten Ebene sind reich an Nährstoffen, vor allem an Vitaminen und Mineralien. Zudem enthalten sie viele Ballaststoffe und Antioxidantien, die das Immunsystem stärken. Geben Sie Ihren Kindern eine große Auswahl an Gemüse zu essen, darunter auch stärkehaltige Sorten wie Kartoffeln, Karotten und Rüben; außerdem grünes Blattgemüse wie Kohl, Salat und Spinat sowie gelbe und orange Sorten, etwa Paprika, Kürbis und Süßkartoffeln.

Auch Obst sollte Kindern in großer Auswahl zur Verfügung stehen, geben Sie ihnen Zitrusfrüchte wie Orangen und Grapefruits, gelbe und orange Früchte wie Mangos und Aprikosen, Beeren und Baumobst wie Äpfel, Birnen und Pflaumen.

Versuchen Sie, mehrmals pro Woche grünes Blattgemüse zu servieren – viele Kinder lieben Brokkoli, der ebenfalls zu dieser Gruppe zählt, aber es gibt auch zahlreiche Alternativen. Hülsenfrüchte, wie Bohnen, Erbsen und Linsen gehören in die dritte Ebene, weil sie viele Proteine enthalten. Sollte Ihr Kind zu wenig Obst und Gemüse essen, können Sie ihm alternativ auch diese Nahrung geben.

JE EINE KINDGERECHTE PORTION BESTEHT AUS:
- 1 Becher frischem Blattgemüse, z. B. Salat oder Spinat,
- ½ Becher rohem oder gekochtem Gemüse,
- 1 Apfel, Birne oder Orange mittlerer Größe,
- 1 Melonenspalte oder Ananasscheibe,
- ½ Grapefruit, Mango oder Papaya,
- ½ Becher Trauben oder Beeren,
- ½ Becher Kompott oder Eingemachtem,
- ¼ Becher Trockenobst oder
- 175 ml Frucht- oder Gemüsesaft.

Kindern unter 4 Jahren reichen in der Regel geringere Mengen.
Säuglinge essen gegen Ende des ersten Lebensjahrs bis zu 4 Portionen täglich, aber keine Sorge, wenn dies bei Ihrem nicht so ist. Obst und Gemüse sollen in dieser Zeit die Kleinen vor allem an verschiedene Geschmacksrichtungen und Konsistenzen gewöhnen.
1-Jährige können 3–4 kleine Portionen pro Tag verzehren. Tun sie das nicht, ist das kein Grund zur Sorge. Ermutigen Sie Ihr Kind immer wieder, verschiedene Obst- und Gemüsesorten zu probieren.
Kinder über 2 Jahre erhalten täglich bis zu 5 Portionen; für 2- bis 3-Jährige werden diese eventuell etwas geringer bemessen.
5 Portionen scheinen viel, kommen aber rasch zusammen, etwa mit
- einem Glas Orangensaft und dem großen Bärenfrühstück (S. 34) am Morgen,
- einem dünn mit Butter bestrichenen Vollkornknäckebrot mit Käse und halbierten Kirschtomaten als Zwischenmahlzeit,
- der Frittata (S. 58) mit Spinat und Paprika zum Mittag,
- einem Stück Obst am Nachmittag,
- der asiatischen Fischpfanne (S. 80) zum Abendessen und
- dem Himbeerquark (S. 97) zum Dessert.

Das sind insgesamt bereits 6 Portionen.

PROTEINHALTIGE NAHRUNGSMITTEL (dritte Ebene)

Hierzu zählen Milchprodukte, wie Käse, Quark, Joghurt und Milch, andere tierische Eiweißquellen, wie Fleisch, Geflügel, Wild, Fisch und Eier, sowie pflanzliche Proteinlieferanten, darunter Hülsenfrüchte und deren Derivate, z. B. Tofu.

JE EINE KINDGERECHTE PORTION BESTEHT AUS:

- 50–75 g Fleisch, Fisch oder Käse,
- 2 mittelgroßen Eiern oder
- ½ Becher gekochte Bohnen oder Linsen.

Reduzieren Sie diese Mengen für Kinder unter 4 Jahren entsprechend ihren Bedürfnissen.

Kindern unter 2 Jahren reichen 1 oder 2 kleine Portionen Fleisch, Geflügel, Wild, Fisch, Eier oder Hülsenfrüchte täglich. Sie decken ihren Proteinbedarf vorrangig noch über regelmäßiges Milchtrinken.

2- bis 6-Jährige können bereits 2 Portionen Milch oder Milchprodukte sowie 2 Portionen Fleisch, Geflügel, Wild, Fisch, Eier oder Hülsenfrüchte erhalten. Über 2-Jährige vertragen auch fettarme Milch, geben Sie ihnen vor dem 6. Lebensjahr aber keine Magermilch.

Ältere Kinder nehmen in der Regel täglich 2–3 Portionen Milchprodukte sowie 2–3 Portionen Fleisch, Geflügel, Wild, Fisch, Eier oder Hülsenfrüchte zu sich.

Teenager sollten täglich 3 Portionen Milchprodukte verzehren.

Geben Sie Kindern über 2 Jahren – ebenso wie Erwachsenen – wöchentlich 2–3 Portionen Hülsenfrüchte sowie 3 Portionen Fisch. Wegen des hohen Gehalts an gesättigten Fettsäuren empfiehlt es sich außerdem, wöchentlich nicht mehr als 3 Portionen Fleisch zu essen. Zwar benötigen Kleinkinder generell mehr Fett als Erwachsene, doch gerade mit gesättigten Fettsäuren sollte man auch bei ihrer Ernährung maßvoll umgehen.

FETTE UND SÜSSIGKEITEN (vierte Ebene)

Hierzu zählen Pflanzenöle, Butter, Sahne, Mayonnaise, Doppelrahmkäse, Zucker, Kuchen, Plätzchen, Honig, Marmelade, Sirupe, Speiseeis, Schokolade, Limonade und andere zuckerhaltige Getränke.

Mit diesen Produkten sollten Sie bei der Ernährung ihrer Familie maßvoll umgehen. Natürlich brauchen Kinder Fett, doch das finden sie auch in nahrhafteren Lebensmitteln wie Milch, Käse, Joghurt, Fleisch, Geflügel, Fisch, Eiern, Nüssen und Saaten. Ebenso wie Erwachsene sollten sie von den Produkten der vierten Ebene daher nur geringe Mengen erhalten.

Grundsätzlich benötigt unser Körper keinen zusätzlichen Zucker, aber Süßes schmeckt nun einmal einfach gut. Versuchen Sie dennoch, beim Kochen so wenig Zucker wie möglich zu verwenden. Für die Rezepte in diesem Buch wird, wenn überhaupt, weniger Zucker verwendet als üblich. Gegen Süßes ist, in Maßen genossen, nichts einzuwenden; Säuglingen sollten Sie jedoch, wenn überhaupt, nur sehr wenig davon geben, damit sie sich nicht daran gewöhnen. Erlauben Sie Süßes am besten nur nach den Mahlzeiten, um den Kindern den Appetit nicht zu verderben, und achten Sie auf das anschließende Zähneputzen.

QUALITÄT UND QUANTITÄT

Manche Kinder erhalten zwar ausreichend Energie über die Nahrung, aber oft nicht alle benötigten Nährstoffe. Die häufigsten Probleme ergeben sich aus

- einem Mangel an Kalzium, Eisen und Folsäure. Finden Sie heraus, welche Produkte diese Stoffe enthalten (S. 13–14), und achten Sie darauf, dass Ihr Kind diese in ausreichenden Mengen zu sich nimmt.
- dem Verzehr zu vieler einfacher Kohlenhydrate, die hauptsächlich in Weißmehlprodukten und Hauhaltszucker vorkommen. Stellen Sie die Ernährung Ihrer Familie auf Vollkornprodukte um, und verwenden Sie weniger Zucker.
- einem zu geringen Verzehr von Obst und Gemüse.
- zu fettreichem Essen. Kinder unter 5 Jahren benötigen eine vergleichsweise große Menge an Fett, decken ihren diesbezüglichen Bedarf jedoch hauptsächlich über Milch. Viele ältere Kinder nehmen insgesamt zu viel Fett über die Nahrung auf. Problematisch sind vor allem die versteckten Fette in Plätzchen, Chips, Frittiertem, Eiscreme, Puddings, Schokolade und Kuchen.
- zu vielen gesättigten Fettsäuren. Bereiten Sie nur mageres, von allem sichtbaren Fett befreites Fleisch zu, und kochen Sie mit einer möglichst geringen Menge an Bratfett und Öl. Kaufen Sie, sobald Ihre Kinder älter als 2 sind, nur noch fettarme Milch, und gewöhnen Sie sie auch an andere fettreduzierte Milchprodukte.

NÄHRSTOFFE UND IHRE QUELLEN

Man muss nicht studiert haben, um ausgewogen, gesund und schmackhaft kochen zu können, aber ein grundlegendes Wissen über den Nährwert einzelner Lebensmittel kann durchaus nützlich sein. Die Ernährungspyramide (S. 8) hilft beim Zusammenstellen eines ausgewogenen Speiseplans, aber manchmal muss man einfach mehr wissen, etwa um die Heilwirkung von Nahrungsmitteln nutzen zu können (S. 28–31). Aus diesem Grund finden Sie auf den folgenden Seiten einige Grundinformationen zu den wichtigsten Nährstoffen und den Nahrungsmitteln, in denen sie enthalten sind.

PROTEINE (Eiweiße)

Hauptquellen: Fleisch, Fisch und Eier; Muttermilch und Milchprodukte; Hülsenfrüchte und Nüsse.

Funktion: Proteine bestehen aus Aminosäuren, den Bausteinen unseres Körpers. Kinder benötigen sie für ein gesundes Wachstum und, wie Erwachsene auch, für eine geregelte Verdauung, die körpereigene Energiegewinnung und die Zellbildung.

Fleisch, Fisch, Muttermilch, Milchprodukte und Eier enthalten alle essenziellen Aminosäuren, pflanzliche Proteinquellen nicht. Eine ausreichende Versorgung mit essenziellen Aminosäuren lässt sich auf pflanzlicher Basis nur durch eine Kombination verschiedener Lebensmittel erreichen. Wenn sich Ihre Familie rein vegetarisch ernährt (S. 22), sollten Sie sicherstellen, dass täglich eine breite Auswahl an proteinhaltiger Kost zur Verfügung steht.

Im Abschnitt über den medizinischen Einsatz von Lebensmitteln werden speziell die Aminosäuren Arginin, Lysin und Tryptophan erwähnt. Arginin findet sich in Fleisch, Fisch, Hülsenfrüchten, Milchprodukten, Nüssen, Saaten, Schokolade und Vollkornprodukten. Lysin ist enthalten in Hülsenfrüchten, Kohl und Kartoffeln. Tryptophan nehmen wir über Fleisch, Fisch, Milchprodukte, Hülsenfrüchte, Blumenkohl, Kartoffeln, Bananen, Datteln, Nüsse, Saaten und Vollkornprodukte zu uns.

KOHLENHYDRATE

Wir unterscheiden 3 Sorten von Kohlenhydraten: verschiedene Zuckerarten – darunter Fruchtzucker (Fructose), Milchzucker (Laktose) und den gewöhnlichen Haushaltszucker (Saccharose) – Stärke und Ballaststoffe. Letztere zählen zu den komplexen Kohlenhydraten.

ZUCKER

Hauptquellen: Obst, Gemüse, Honig, Muttermilch, Milchprodukte.

Funktion: Unser Körper kann Zucker unmittelbar in Energie umwandeln. Haushalts- oder Kristallzucker, das am meisten verwendete Süßmittel, wird aus Zuckerrohr und Zuckerrüben gewonnen. Vom Fruchtzucker, der in Obst und Gemüse enthalten ist, unterscheidet er sich vor allem dadurch, dass er keinerlei Ballaststoffe mehr besitzt. Auch Honig, Ahorn- und Zuckerrübensirup enthalten keine Ballaststoffe und ähneln aus ernährungstechnischer Sicht daher dem Haushaltszucker.

Natürlich gereifte, süße Früchte, Gemüse und Milch sind die besten Zuckerquellen für eine gesunde Ernährung. Wenn Sie sich ansonsten ausgewogen ernähren, ist gegen einen maßvollen Verzehr von Süßspeisen nichts einzuwenden. Bedenken Sie aber, dass Zucker leere Kalorien enthält, also nur Energie, aber keine Nährstoffe liefert. Geben Sie Ihren Kindern deshalb nicht zu viel Süßes, sonst hemmen Sie ihren Appetit auf nahrhaftere Lebensmittel und fördern Ernährungsgewohnheiten, die Übergewicht begünstigen. Überdies ist Zucker eine der Hauptursachen für Karies. Als natürlicher Bestandteil von Obst und Gemüse ist er allerdings weniger gefährlich, da er bereits beim Verzehr vom verstärkt fließenden Speichel verdünnt wird. Süßigkeiten oder Gezuckertes reicht man am besten zu oder nach Mahlzeiten, die Fleisch, Fisch, Eier, Milch, Käse, Joghurt, Öl, Butter, Nüsse, Gemüse, Obst oder Hafer enthalten. Diese Produkte haben einen niedrigen GI (S. 30) und begünstigen damit eine langsame Zuckerresorption, was verhindert, dass der Blutzuckerspiegel rasant ansteigt und anschließend ebenso rasch wieder sinkt. Ein Rezept, das diese Empfehlung berücksichtigt, ist die Vanillecreme mit Erdbeermus auf Seite 103.

STÄRKE

Hauptquellen: Getreide, Reis, Mais, Hülsenfrüchte, Wurzelgemüse und Bananen.

Funktion: Stärke wird vom Körper zu Zucker aufgespalten und dient der Energiegewinnung.

Zu den stärkehaltigen Gerichten in diesem Buch zählen der Riesengroße Nudelturm (S. 47), die Pizzen (S. 52–54) und der Gersteneintopf (S. 91).

BALLASTSTOFFE

Hauptquellen: Gemüse, Vollkornprodukte, Nüsse und Saaten.

Funktion: Ballaststoffe regulieren den Hormonhaushalt und beugen Verstopfung vor. Weißmehlprodukten und poliertem Reis wurden alle Ballaststoffe entzogen, sie liefern daher nur einfache Kohlenhydrate (Einfachzucker). Vollkornprodukte hingegen versorgen uns mit komplexen Kohlenhydraten (Mehrfachzucker). Greifen Sie also wenn möglich immer zu Vollkornprodukten, und bereiten Sie Speisen nur dann mit Weißmehl zu, wenn Sie sie mit anderer ballaststoffreicher Kost wie Obst und Gemüse kombinieren.

Beispiele für ballaststoffreiche Gerichte sind das Große Bärenfrühstück (S. 34), die Gebackenen Kartoffeln mit Blumenkohlfüllung (S. 72) und die Fruchtspieße (S. 98).

FETTE

Bei den Fetten, oder besser gesagt, den Fettsäuren unterscheidet man zwischen gesättigten und ungesättigten Arten. Die meisten fetthaltigen Nahrungsmittel enthalten beide, allerdings in unterschiedlichen Anteilen. Auch hier kommt es auf eine ausgewogene Versorgung an. Viele ältere Kinder in den westlichen Industrienationen erhalten zu viel schädliches Fett, d. h. sie verzehren zu viele gesättigte und zu wenige so genannte Omega-3-Fettsäuren.

Funktion: Fette sind hervorragende Energielieferanten und machen fettlösliche Vitamine für den Organismus nutzbar. Zu viel Fett führt allerdings zu Übergewicht, wohingegen eine bedachtsame Versorgung mit Fett in ausgewogener Menge das Immunsystem stärkt, trockener Haut, Ausschlägen und bestimmten Krebsarten vorbeugt sowie Muskeln, Nerven und Arterien fit hält.

GESÄTTIGTE FETTSÄUREN

Quellen: Fleisch, Eier, Milchprodukte, Margarine und weißes Speisefett.

Vollmilchprodukte enthalten mehr gesättigte Fettsäuren als fettarme oder Magermilchprodukte. Kinder unter 2 Jahren sind für ihr Wachstum auf Vollmilchprodukte angewiesen, zwischen 2 und 5 Jahren können sie fettarme Milchprodukte erhalten, aber keinesfalls Magermilchprodukte. In späteren Lebensjahren kann ein übermäßiger Verzehr von gesättigten Fettsäuren den Cholesterinspiegel erhöhen, was verschiedene Herzkrankheiten begünstigt. Geben Sie älteren Kindern und Erwachsenen daher weniger Vollmilchprodukte.

MEHRFACH UNGESÄTTIGTE FETTSÄUREN

Ein gesunder Mensch profitiert von allen ungesättigten Fettsäuren, wenn er den Verzehr von nichtessenziellen mit dem von essenziellen Fettsäuren kombiniert.

Quellen für essenzielle Omega-6-Fettsäuren: Avocados, Bohnen und Sojaöl, Mais und Maiskeimöl, Saaten und Saatöle (etwa Sonnenblumen- und Rapsöl), und Margarine aus ungehärteten Fetten.

Quellen für essenzielle Omega-3-Fettsäuren: grünes Blattgemüse (inklusive Brokkoli), Bohnen, Vollkorngetreide, Fleisch von grasenden Tieren, Geflügel, Süßkartoffeln, Walnüsse und Walnussöl, Kürbiskerne und Kürbiskernöl sowie Muttermilch.

Quellen für nichtessenzielle Omega-3-Fettsäuren: fettreicher Kaltwasserfisch, wie Hering, Sardine und Lachs – vor allem frisch oder tiefgekühlt, Konserven sind weniger nahrhaft. Die meisten Menschen können ihren Bedarf an nichtessenziellen Omega-3-Fettsäuren auch über Nahrungsmittel decken, die gleichzeitig essenzielle Omega-3-Fettsäuren enthalten. Infolge unausgewogener Ernährung, körperlichem oder seelischem Stress kann die Versorgung auf diesem Weg allerdings gestört sein. In solchen Fällen ist der Verzehr von Fisch wichtig.

Funktion: Eine ausgewogene Versorgung mit mehrfach ungesättigten Fettsäuren beugt Allergien vor sowie verschiedenen Arten von Depressionen (durch Erhöhung des Serotonin-Spiegels; Serotonin wird für die Übermittlung von Informationen über die Nervenbahnen benötigt). Mehrfach ungesättigte Fettsäuren schützen zudem Blut und Arterien, wirken trockener Haut und Schuppenflechte entgegen und beugen Atemwegserkrankungen sowie Verhaltensauffälligkeiten vor.

Gerichte mit einem hohen Anteil an Omega-3-Fettsäuren sind die Kokosmakrele mit Süßkartoffeln (S. 82) und die Bunten Nudelspiralen (S. 39).

EINFACH UNGESÄTTIGTE FETTSÄUREN
Hauptquellen: Oliven und Olivenöl, Avocados, die meisten Nüsse und Nussöle, Saaten und die daraus gewonnene Öle.
Funktion: Einfach ungesättigte Fettsäuren schützen die Arterien und beugen Arterienverkalkung vor.

MINERALSTOFFE UND SPURENELEMENTE

Mineralstoffe und Spurenelemente sind unverzichtbar für den Aufbau und die Stärkung von Knochen und Zähnen, sie setzen Energie frei, regulieren unseren Flüssigkeitshaushalt und unterstützen die Zellerneuerung.

CHROM
Hauptquellen: Meeresfrüchte, Leber, Milchprodukte, Pilze, Bohnen, Vollkornprodukte.
Funktion: Chrom hilft in besonderem Maße bei der Regulierung des Blutzuckerspiegels.

Chromreiche Gerichte in diesem Buch sind Bohnen-Variationen (S. 69) und Gemüseburger (S. 71).

EISEN
Hauptquellen: Fleisch (vor allem Leber), Meeresfrüchte, Eigelb, grünes Blattgemüse, Holunderbeeren, Bohnen und Erbsen, Nüsse und Saaten, Pflaumen und Aprikosen sowie Vollkornprodukte.
Funktion: Eisen ist für die Gewinnung bestimmter Enzyme und die Bildung von Hämoglobin (dem roten Blutfarbstoff) verantwortlich. Darüber hinaus unterstützt es das Immunsystem und wird zur Energiegewinnung, für die Leberfunktion und bei starker körperlicher Belastung auch zum Zellschutz eingesetzt.

Hervorragende Eisenlieferanten sind beispielsweise die Frittata (S. 58), der Hackfleischzauber (S. 90) und die Kinderleichte Lasagne (S. 51).

JOD
Hauptquellen: Fisch, Milchprodukte und Eier, Obst (vor allem Ananas und Rosinen), Gemüse (mit Ausnahme von Kohl) und Vollkornprodukte.
Funktion: Jod ist an der Bildung der Schilddrüsenhormone beteiligt.

KALIUM
Hauptquellen: Gemüse und Obst (vor allem Avocados, Bananen, Kartoffeln, Tomaten und Bohnen) sowie Nüsse.
Funktion: Kalium trägt zur Regulierung des Säure- und Flüssigkeitshaushalts bei, unterstützt den Transport von Kohlendioxyd sowie die Bildung nicht-essenzieller Proteine und kräftigt Zellmembrane, Nerven und Muskelgewebe.

Ein besonders kaliumreiches Gericht aus dem Rezepteil in diesem Buch ist Obst & Joghurt (S. 33).

KALZIUM
Hauptquellen: Milchprodukte und Eier, Lachs oder Sardinen aus der Dose, Meeresfrüchte, grünes Blatt- und Wurzelgemüse, Hülsenfrüchte, Nüsse und Saaten, Vollkornprodukte.
Funktion: Zusammen mit Magnesium sorgt Kalzium für das Wohl unserer Zellen. Es ist an der Muskelkontraktion beteiligt und dient insbesondere dem Aufbau und der Stabilität von Knochen und Zähnen. Wird zu wenig Kalzium über die Nahrung aufgenommen, bedient sich der Körper bei den in den Knochen gespeicherten Depots; kommt es schließlich wieder zu einer erhöhten Kalziumaufnahme, werden die Depots wieder gefüllt. Ebenso sind ein ausgewogener Hormonhaushalt, gesunde Blutwerte, ein gesunder Blutdruck und leistungsfähige Nerven auf Kalzium zurückzuführen. Außerdem trägt es zur Energiegewinnung bei und fördert die Aufnahme von Vitamin B_{12}.

Kalziumreiche Gerichte sind der Fruchtige Milchreis (S. 62), der Gebackene Pflaumenpudding (S. 102) und die Milchshakes (S. 77).

MAGNESIUM
Hauptquellen: Fleisch, Fisch, Eier, grünes Blattgemüse, Pilze, Bohnen und Erbsen, Nüsse und Saaten, Vollkornprodukte, dunkle Schokolade.
Funktion: Abgesehen von seiner Zusammenarbeit mit Kalzium (s. o.) ist Magnesium an der Energiegewinnung, der Bildung von Insulin, der Aktivierung der B-Vitamine und zahlreicher Enzyme sowie dem Abtransport von Abfallprodukten beteiligt.

Schmackhafte Gerichte mit einem hohen Magnesiumgehalt sind das Omelett aus der Tasche (S. 35) und der Englische Pudding mit Schokopfütze (S. 107).

SELEN

Hauptquellen: Fleisch, Fisch und Meeresfrüchte, Milchprodukte und Eigelb, grünes Blattgemüse, Pilze und Knoblauch, Bohnen und Erbsen, Nüsse und Vollkornprodukte.

Funktion: Selen zählt zu den Antioxidanzien, d. h. es schützt die Zellen vor den so genannten freien Radikalen, die vor allem durch zu häufiges Sonnenbaden, Tabakgenuss, Umweltgifte, schlechte Ernährung, körperliche Überanstrengung und Stress entstehen. Darüber hinaus ist Selen an der Aktivierung des Schilddrüsenhormons und der Bildung von Prostaglandine beteiligt.

Gerichte mit einem hohen Selenanteil sind die asiatische Fischpfanne (S. 80) und Popeyes Lieblingseintopf (S. 64).

ZINK

Hauptquellen: Fleisch (vor allem Leber), Fisch und Meeresfrüchte, Milchprodukte und Eier, grünes Blatt- und Wurzelgemüse, Bohnen und Erbsen, Knoblauch, Nüsse und Saaten, Obst und Vollkornprodukte.

Funktion: Ebenso wie Selen schützt Zink die Zellen vor freien Radikalen. Es fördert Wachstum, Energiegewinnung, die Funktion der Prostaglandine und die Wirkung von Vitamin A, stärkt das Immunsystem und unterstützt die Produktion zahlreicher Enzyme, Hormone und Proteine.

Vorzügliche Gerichte mit einem hohen Zinkanteil sind die Haifischsuppe (S. 67) und die Salbei-Kürbis-Gnocchi (S. 74).

VITAMINE

VITAMIN A (INKLUSIVE BETA-CAROTIN)

Hauptquellen: Leber, Milchprodukte und Eier. Viele Obst- und Gemüsesorten liefern Beta-Carotin, insbesondere Karotten und andere rot-, orange- oder gelbfleischige Produkte. Ein Teil des Beta-Carotins wird im Darm zu Vitamin A aufgespalten.

Funktion: Vitamin A fördert Sehkraft und Wachstum, stärkt das Immunsystem, unterstützt die körpereigene Proteinproduktion und hält die Schleimhäute feucht. Als Antioxidans schützt Beta-Carotin die Zellen vor freien Radikalen, die durch Tabakgenuss, Umweltgifte, schlechte Ernährung, Überanstrengung und Stress entstehen. Der Verzehr Vitamin-A-reicher Lebensmittel kann eventuell helfen, Hautschäden zu reduzieren, die auf übermäßige Sonneneinstrahlung zurückzuführen sind, erwiesen ist dies allerdings nicht .

Gerichte mit hohem Vitamin-A-Gehalt sind die Spinat-Ricotta-Pastete (S. 93) und die Paprika-Ampel (S. 94).

B-VITAMINE

Zur Gruppe der B-Vitamine gehören Thiamin (B_1), Riboflavin (B_2), Niacin (B_3), Pantothensäure, Pyridoxin (B_6), Biotin, Cobalamin (B_{12}) und Folsäure.

Hauptquellen: Fleisch (vor allem Leber), Fisch, Milchprodukte und Eier, Hülsenfrüchte, grünes Blattgemüse, Pilze, Avocados, Bananen, Nüsse und Saaten, Sprossen und Vollkornprodukte.

Funktion: Die Vitamine der B-Gruppe fördern das Wachstum, unterstützen die Energiegewinnung und den Stoffwechsel und stärken die Zellen, vor allem die der Blutgefäße, Muskeln und Nerven. Abgesehen von Vitamin B_{12} und Folsäure sind alle B-Vitamine an der Energiegewinnung beteiligt. Vitamin B_{12} unterstützt die Bildung roter Blutkörperchen, fördert die körpereigene Verwertung von Kalzium, Magnesium und Selen, begünstigt die Zinkresorption und schützt und stärkt die Nervenzellen. Eine ausreichende Versorgung mit Folsäure vor der Empfängnis und in den ersten Schwangerschaftswochen schützt den Nachwuchs in besonderem Maße vor Neuralrohrdefekten. Hervorragende Quellen sind grünes Blattgemüse und Hefeextrakt.

Reichlich B-Vitamine enthält der Fruchtige Reissalat (S. 118); besonders ergiebige Quellen für Folsäure sind die Herbstnudeln (S. 45), die Bunten Nudelspiralen (S. 39) und die Kokosmakrele mit Süßkartoffeln (S. 82).

VITAMIN C

Hauptquellen: Obst (vor allem Zitrusfrüchte, Johannisbeeren und Kiwis) und Gemüse (vor allem grünes Blattgemüse, Brokkoli, Paprika und Tomaten).

Funktion: Dieses Antioxidans schützt die Zellen vor freien Radikalen. Überdies ist Vitamin C an der Eisenresorption beteiligt. Es unterstützt die Bildung von Kollagen in Haut, Bindegewebe und Knochen, stärkt das Immunsystem, fördert die Wundheilung und hilft dem Körper bei der Stressbewältigung.

Beispiele für Vitamin-C-haltige Gerichte sind Obst & Joghurt (S. 33) sowie der Frische Obstsalat (S. 99).

VITAMIN D

Hauptquellen: fettreicher Fisch, Milchprodukte, Nüsse, kaltgepresste Pflanzenöle. In der Hauptsache produziert der menschliche Körper Vitamin D unter Einwirkung von Sonnenlicht allerdings selbst.

Funktion: Der Körper benötigt Vitamin D für die Resorption von Eisen, Kalzium und Magnesium.

Vitamin-D-reiche Gerichte sind das Omelett aus der Tasche (S. 35), der Nudelsalat mit Lachs (S. 79) und die Würstchen im Schlafrock (S. 88).

VITAMIN E

Hauptquellen: Fleisch, Fisch, Milchprodukte und Eier, grünes Blattgemüse, Bohnen und Erbsen, Nüsse und Saaten sowie die daraus gewonnenen Öle und Vollkornprodukte.

Funktion: Dieses Antioxidans kann die Lebensdauer der Zellen verlängern, fördert die Fruchtbarkeit, stärkt das Immunsystem und die roten Blutkörperchen und sorgt für einen ausgewogenen Prostaglandinhaushalt (was Entzündungsreaktionen vermeiden hilft).

Reichlich Vitamin E liefern der Gebackene Fisch (S. 81) und die Marinierten Spareribs (S. 88).

VITAMIN K

Hauptquellen: Fleisch (vor allem Leber), Eigelb, grüne Blattgemüse, Brokkoli und Blumenkohl, Rüben, Tomaten, Bohnen und Bohnensprossen, Raps- und Olivenöl sowie Vollkornprodukte. In der Hauptsache wird Vitamin K allerdings von Dickdarmbakterien im Körper selbst gebildet.

Funktion: Vitamin K ist an der Gesunderhaltung des Bluts und der Kräftigung der Knochen beteiligt.

Besonders Vitamin-K-reiche Gerichte sind beispielsweise die Pizzen (S. 52–54) und die Hähnchenpfanne mit Gemüse (S. 57).

WEITERE GESUNDE INHALTSSTOFFE

PFLANZENFARBSTOFFE

Hauptquellen: buntes Obst und Gemüse. Als oft am intensivsten gefärbter Teil der Pflanze ist die Schale in der Regel der Hauptlieferant.

Funktion: Pflanzenfarbstoffe wirken entzündungshemmend und stärken das Immunsystem und kleinere Blutgefäße.

Die einfachste Methode, die Aufnahme von Pflanzenfarbstoffen in den Organismus zu erhöhen, ist, täglich mehrere verschiedenfarbige Obst- und Gemüsesorten zu sich zu nehmen. Sorgen Sie für eine bunte Auswahl an grünen (z. B. Kohl, Brokkoli, Kopfsalat, Erbsen und Kiwi), roten (z. B. Rotkohl, Rote Bete, roter Paprika und Himbeeren), blauen oder violetten (z. B. Auberginen, Blaubeeren, rote Trauben) und gelben oder orangefarbenen (z. B. Karotten, Kürbis oder Aprikosen) Arten. Kaufen Sie am besten ungespritzte Produkte aus kontrolliertem Anbau, und verzehren Sie diese möglichst ungeschält.

PHYTOHORMONE

Hauptquellen: Bohnen und Bohnensprossen, Rote Bete, Kohl, Karotten, Sellerie und Fenchel, Kichererbsen, Linsen und Erbsen, Knoblauch, Oliven, Petersilie und Salbei, Kartoffeln, Vollkornprodukte, Saaten, Kirschen, Pflaumen und Rhabarber. Andere Obst- und Gemüsesorten liefern ebenfalls Phytohormone, allerdings in geringeren Mengen.

Funktion: Einige Pflanzenhormone ähneln denen der Menschen so sehr, dass sie an die entsprechenden Hormonrezeptoren unserer Zellen andocken und die Rolle körpereigener Hormone übernehmen (z. B. Östrogen). Auf diese Weise können sie einen unausgewogenen Hormonhaushalt wieder ins Gleichgewicht bringen. Da pflanzliche Hormone eher schwacher sind als menschliche, wird eine erhöhte Zufuhr wahrscheinlich keine Probleme verursachen.

SALICYTATE

Hauptquellen: zahlreiche Obstsorten (vor allem deren Schale) und Gemüse, Saaten und Nüsse.

Funktion: Chemisch gesehen ähneln die Salicytate dem Wirkstoff in Aspirin und wirken entsprecheend entzündungshemmend und fiebersenkend.

ERSTE KOST

Die gesündeste Säuglingskost ist Milch, am besten Muttermilch. Auch nachdem Sie Ihren Sprössling an die erste feste Nahrung gewöhnt haben, bleibt Milch das wichtigste Nahrungsmittel für ihn – oft weit über das erste Lebensjahr hinaus. Die erste Beikost können Sie Ihrem Kind zwischen 4 und 6 Monaten geben, es sei denn, es besteht ein erhöhtes Allergierisiko, dann sollten Sie bis zum Ende des 6. Lebensmonats warten.

Stillen Sie zunächst wie gewohnt oder füttern Sie die übliche Milchnahrung. Geben Sie Ihrem Kind dann die gewählte Beikost auf einem möglichst flachen Löffel, und beenden Sie die Mahlzeit mit einer weiteren Portion Milch. Zum Füttern der Beikost führen Sie den gefüllten Löffel in den Mund des Kindes, und ziehen Sie ihn mit sanftem Druck gegen den Oberkiefer wieder heraus; ein Teil des Essens bleibt dabei im Mund. Eventuell versucht Ihr Kind, den angebotenen Brei vom Löffel zu saugen. Einige wissbegierige Babys erkunden ihr Essen auch gern, indem Sie es vom Teller oder aus der Hand der Eltern greifen.

Viele Säuglinge lieben die neuen Gerüche, die taktilen Besonderheiten und das Gefühl, feste Nahrung zu schmecken und schlucken – sie schmatzen hörbar und verlangen sofort nach mehr. Von anderen Reaktionen sind die Eltern oft überrascht. Verzieht ein Baby beim Essen das Gesicht, heißt das aber nicht unbedingt, dass es ihm nicht schmeckt, sondern nur, dass es mit der neuen Nahrung noch nicht vertraut ist. Warten Sie einen Moment, um das Kind nicht unter Druck zu setzen, und versuchen Sie es erneut. Ein Großteil des Essens stößt es wahrscheinlich mit der Zunge wieder aus.

Mischen Sie Brei niemals mit Milch in einem Fläschchen. Ihr Kind nimmt so eventuell weniger Flüssigkeit zu sich als es braucht, und dehydriert.

SELBSTGEMACHTES ODER GLÄSCHEN?

Viele Eltern geben Ihren Kindern selbst gemachte Breie. Fertignahrung aus dem Glas ist unterwegs recht praktisch. Selbstgemachtes ist jedoch erheblich günstiger – wenn es aus denselben Zutaten besteht, wie das Essen der anderen Familienmitlieder, gewöhnt sich das Baby zudem leichter an deren Essgewohnheiten.

KONSISTENZ

Bis zum 6. Monat Die erste Löffelkost muss weich und flüssig sein, damit Ihr Kind sie leicht schlucken kann; Sie müssen die Speisen daher gut pürieren. Tun Sie das im Verlauf der ersten Wochen jedoch immer weniger, sodass die Breie allmählich fester und substanzreicher werden.

Ab dem 6. Monat Falls Sie erst jetzt mit der Beikost beginnen, geben Sie Ihrem Kind zunächst relativ weiche und flüssige Breie. Diese sollten aber schon in den nächsten 2 bis 3 Wochen deutlich fester und substanzreicher werden. In diesem Alter lernen Kinder relativ rasch, kleinere Stücke mit dem Zahnfleisch zu zerdrücken. In den nächsten 3 bis 4 Monate lernen sie auch, festere Stücke zu zermahlen, und sobald die ersten Backenzähne durchbrechen, werden sie diese benutzen. Viel hängt aber auch von der Art und der Beschaffenheit der Kost ab, die Sie Ihrem Kind geben. Fleisch lässt sich nur schwer zerkauen, es muss püriert oder zumindest gehackt werden, bis das Kind etwa 10 Monate alt ist. Danach reicht gewöhnlich, es klein zu schneiden.

Um Brei herzustellen, können Sie die Speisen

- zerdrücken,
- durch ein Sieb streichen oder durch eine Passiermühle drehen,
- im Mixer oder mit einem Pürierstab zerkleinern.

Welche Vorgehensweise Sie wählen, hängt von Ihrer Küchenausstattung ab. Fleisch müssen Sie aber immer maschinell zerkleinern; schneiden Sie es zuvor in kleine Stücke, damit es nicht fasrig wird.

Einen herzhaften Brei verdünnen Sie mit

- abgepumpter Muttermilch oder Milchnahrung (der vertraute, süßliche Geschmack lässt die neue Kost auf Anhieb etwas verlockender erscheinen)
- Gemüsesud
- Wasser
- selbst gemachte Gemüse- (S. 51) oder Hühnerbrühe (S. 84), praktischerweise in einer Eiswürfelschale tiefgekühlt, so dass sie portionsweise entnommen werden kann.

Einen süßen Brei verdünnen Sie mit

- abgepumpter Muttermilch oder Milchnahrung (s. o.)
- Fruchtsud
- Wasser

PORTIONSGRÖSSE

Reichen Sie die erste feste Kost auf einem kleinen Löffel oder Ihrem (sauberen) Zeigefinger. Falls Ihr Kind Interesse zeigt, geben Sie ihm mehr. Verfahren Sie so mit jeder neuen Speise. Die Portion hängt vom Appetit Ihres Kindes ab; geben Sie ihm so viel, wie es mag.

KOST AB DEM 4. MONAT

Gemüse:

Avocados
Brokkoli
Karotten und anderes Wurzelgemüse
Blumenkohl
Zucchini
Kürbis

glutenfreie Getreidesorten:

Reis
Mais
Hirse

weitere stärkehaltige Kohlenhydrate:

Tapioka
Sago

Obst:

Äpfel
Aprikosen
Bananen
Birnen

AB DEM 5. MONAT

Geflügel:

Huhn
Pute

AB DEM 6. MONAT

Vollmilchprodukte:

Kuhmilch
Käse
Joghurt
Eier (hart gekocht)

glutenhaltige Getreidesorten:

Weizen, Gerste, Roggen und Hafer – in Form von Brot, Zwieback, Frühstücksflocken und Mehlsaucen

Hülsenfrüchte:

Erbsen (können in geringen Mengen auch schon früher eingeführt werden)
Linsen, Bohnen und Tofu (Falls Bohnen und Linsen bei Ihrem Kind zu Blähungen führen, füttern Sie sie besser mittags statt abends.)

Fleisch und Fisch:

Lammfleisch
Rindfleisch
Schweinefleisch
Fischfilet

Nüsse und Saaten:

gemahlene Nüsse oder Saaten (Geben Sie Kindern unter 5 Jahren niemals ganze Nüsse oder Saaten, sie könnten daran ersticken.)
Bedenken Sie: Lebensmittelallergien treten zwar selten auf, doch wenn sie es tun, sind sie meist gravierend, und Nüsse – allen voran Erdnüsse – sind die häufigsten Auslöser.

TIPPS FÜRS ERSTE LEBENSJAHR

- ***Neue Nahrungsmittel schrittweise einführen:*** Legen Sie zwischen der Einführung eines neuen Nahrungsmittels (außer Wurzelgemüse) und einer zweiten Gabe davon eine Pause von 4 Tagen ein. Dies gibt Ihnen Zeit, zu beobachten, ob Ihr Kind allergisch reagiert – Anzeichen dafür sind z. B. Durchfall, Schnupfen oder Ausschlag.
- ***Speisen kombinieren:*** Nach 2 bis 3 Wochen können Sie 2 oder mehr Lebensmittel in einer Mahlzeit kombinieren. Manche Kinder verzehren diese übrigens lieber separat als untereinander gemischt.
- ***Auf Zucker verzichten:*** Anders als der von Natur aus in Obst, Gemüse und Milch gebundene Zucker liefert Haushaltszucker nur leere Kalorien, d. h. er versorgt den Körper zwar mit Energie, nicht aber mit anderen Nährstoffen. Bis zu 9 Monate alte Säuglinge sollten daher überhaupt keine gezuckerten Speisen erhalten. Danach ist der gelegentliche (z. B. wöchentliche) Verzehr gezuckerter Speisen nicht schädlich. Wer mag, kann natürlich auch danach noch auf Gezuckertes verzichten, solange es dem Kind nichts ausmacht. Denken Sie in jedem Fall daran, Zahnfleisch und Zähne nach dem Verzehr gezuckerter Speisen gut zu putzen.
- ***Auf Honig verzichten:*** Unpasteurisierter Honig enthält in seltenen Fällen ein Toxin, das eine Lebensmittelvergiftung hervorrufen kann.
- ***Nichts salzen*** (vgl. S. 25).
- ***Auf Kleie verzichten:*** Geben Sie Säuglingen keine Frühstücksflocken, die mit Kleie angereichert sind, da diese die Aufnahme von Eisen, Kalzium und Zink behindern kann. Außerdem ist Kleie sehr sättigend und zügelt eventuell vorzeitig den Appetit Ihres Kindes.

SELBST GEMACHTE BEIKOST

Die folgenden Vorschläge sollen als Anregungen dienen und Ihnen zeigen, wie Sie Babykost mühelos und ohne großen Zeitaufwand selbst zubereiten können. Kochen Sie am besten immer mehr als Sie benötigen, und frieren Sie die Reste portionsweise ein. Eine Eiswürfelschale ist für diesen Zweck ideal. Bei Bedarf entnehmen Sie einen oder mehr gefrorene Breiwürfel, geben sie in eine Schüssel und lassen sie abgedeckt etwa eine Stunde bei Zimmertemperatur oder über Nacht im Kühlschrank auftauen. Sollten Sie dies einmal vergessen, können Sie den Brei auch in der Mikrowelle auftauen. Erhitzen Sie alle aufgetauten Speisen noch einmal gründlich auf dem Herd oder in der Mikrowelle, und lassen Sie sie anschließend auf eine Ihrem Kind angenehme Temperatur abkühlen.

GEMÜSE

Kochsud oder fertigen Brei niemals salzen. Verwendete Brühe sollte ebenfalls selbst gemacht und ohne Salz zubereitet sein.

Kartoffelbrei: Eine geschälte Kartoffel kochen, dämpfen oder backen. Falls erforderlich die Kartoffel abgießen, dann mit einer Gabel zerdrücken und etwas Sud, Milch oder Brühe unterrühren. Variieren Sie den Geschmack mit verschiedenen Kartoffelsorten und Flüssigkeiten.

Karottenbrei: Eine geschälte Karotte kochen oder dämpfen. Dann mit etwas Sud, Milch oder Brühe pürieren oder durch eine Passiermühle bzw. ein Sieb streichen und danach die Flüssigkeit zugeben. Durch einfaches Zerdrücken mit einer Gabel wird der Brei nicht glatt.

Pastinakenbrei: Zubereitung wie Karottenbrei. Pastinakenbrei schmeckt sehr kräftig und ein wenig süß.

Süßkartoffelbrei: Zubereitung wie Kartoffelbrei. Süßkartoffeln können auch in der Schale gebacken werden; das gegarte Fleisch wird dann mit einem Löffel herausgekratzt.

Rote-Bete-Brei: Zubereitung wie Karottenbrei; je nach Alter und Größe der Knolle liegt die Garzeit bei 30–60 Minuten. Der leuchtend rote Brei schmeckt natürlich süß. Eventuell färbt er den Urin Ihres Babys rosa, aber das ist nicht bedenklich.

Zucchinibrei: Eine (ungeschälte) Zucchini etwa 5–10 Minuten dämpfen, bis sie weich ist, dann durch ein Sieb streichen und Sud, Milch oder Brühe zugießen, bis die gewünschte Konsistenz erreicht ist.

Kürbisbrei: Zum Kochen oder dämpfen den Kürbis schälen und in Würfel schneiden. Oder den Kürbis in Spalten schneiden, im Backofen garen und das Fleisch danach mit einem Löffel auskratzen. Die weitere Zubereitung erfolgt wie beim Karottenbrei.

Brokkoli- oder Blumenkohlbrei
Den Kohl in Röschen teilen und gar dämpfen (Brokkoli etwa 10, Blumenkohl etwa 20 Minuten) und zerdrücken. Bei Bedarf etwas Sud, Milch oder Brühe zufügen. Beide Gemüsesorten sind gute Frühkost, können aber Blähungen verursachen. Dann besser mittags als abends füttern.

OBST

Apfelmus: Einen Apfel schälen, entkernen, in Scheiben schneiden und in wenig Wasser weich dünsten. Dann pürieren und bei Bedarf Wasser oder Milch unterrühren. Verwenden Sie natursüße Tafeläpfel, Kochäpfel sind ungezuckert zu sauer.

Birnenmus: Eine reife, weiche Birne schälen, entkernen und mit einer Gabel zerdrücken; eventuell Wasser oder Milch einrühren. Festere Birnen schälen, entkernen und in wenig Wasser weich dünsten, dann pürieren und bei Bedarf etwas Flüssigkeit zugeben.

Bananenmus: Eine Banane schälen, mit einer Gabel zerdrücken und, falls erforderlich, etwas Wasser oder Milch unterrühren.

Aprikosenmus: Verwenden Sie nur reife Aprikosen. Weiche Früchte schälen, halbieren, entsteinen und mit einer Gabel zerdrücken. Festere Früchte dünsten, dann halbieren, entsteinen, pürieren und durch ein Sieb streichen, um die Schalen zu entfernen.

GETREIDE

Erster Milchreis: Ungesüßtes Reismehl oder Reisflocken gemäß Packungsanleitung mit Wasser zubereiten. Anschließend einen Teelöffel Muttermilch oder Milchnahrung zufügen. Reisflocken ergeben einen etwas gröberen Brei als Reismehl.

Polenta: Dieses glutenfreie Maismehlprodukt können Sie Ihrem Kind bereits mit 4 Monaten geben. Die Polenta gemäß Packungsanweisung mit Wasser oder ungesalzener Brühe (S. 51) zubereiten.

Tapioka and Sago: Zwei Alternativen zum Milchreis. Gemäß Packungsanweisung in Wasser garen und etwas Muttermilch oder Milchnahrung zufügen.

Couscous: Das glutenhaltige Getreide ist erst für Kinder über 6 Monate geeignet. Mit Wasser oder selbst gemachter Brühe (S. 51) gemäß Packungsanweisung zubereiten. Für einen etwas vertrauteren Geschmack (wie auch bei Polenta) ein wenig Milch zufügen.

Grießbrei: Auch Grieß enthält Gluten und ist daher erst für Babys über 6 Monate geeignet. Für die Zubereitung Milch verwenden und die Packungsanweisung beachten.

SONSTIGES

Avocadomus: Eine reife Avocado halbieren, das Fruchtfleisch auskratzen und mit einer Gabel zerdrücken. Eventuell etwas Wasser, Milch oder Brühe zufügen. Sofort verzehren, da die Avocado schnell braun wird, sobald sie mit Sauerstoff in Berührung kommt.

Geflügelbrei: Geeignet ab 5 Monate. Gekochtes und gehacktes Geflügel mit etwas Sud, Brühe, Wasser oder Milch pürieren.

SPEISEN KOMBINIEREN

Sobald der Geschmack einzelner Nahrungsmittel Ihrem Kind vertraut ist, können Sie auch kombinieren. Probieren Sie:

- Karotten und Blumenkohl,
- Zucchini und Pastinake,
- Porree und Kartoffel,
- Reis und Brokkoli,
- Kürbis und Rote Bete,
- Sago und Aprikose,
- Birne und Gries.

ALLERGIEPROPHYLAXE

Wenn Sie als Eltern oder andere nahe Verwandte an chronischen Hautauschlägen, Asthma, Heuschnupfen oder einer Nahrungsmittelallergie leiden, ist das Allergierisiko Ihres Kindes erhöht. Um dem Ausbrechen einer Allergie vorzubeugen, können Sie

- 6 Monate voll stillen, und bis zum Ende des ersten Lebensjahres weiterstillen,
- während der Stillzeit auf den Verzehr von Milchprodukten, Eiern, Fisch und Nüssen verzichten. Fragen Sie Ihren Arzt, wie Sie den dadurch entstehenden Nährstoffmangel ausgleichen können,
- mit der Einführung folgender Nahrungsmittel warten:
  Kuhmilch (und Milchnahrung mit Sojazusatz) erst ab 9 Monate,
  Weizen und Weizenmehlprodukte erst ab 10 Monate,
  Eier erst ab 11 Monate,
  Käse, Joghurt, Orangen, Fisch und Nüsse erst ab 12 Monate,
  Erdnüsse und Speisen mit Erdnussöl erst ab 3 Jahre.

Der Verzicht auf diese Nahrungsmittel reduziert das Allergierisiko erheblich. Besprechen Sie spezielle Ernährungspläne wie diesen vor der Durchführung jedoch unbedingt mit Ihrem Arzt.

Wenn Sie Ihrem Kind eines der oben genannten Lebensmittel zum ersten Mal geben, warten Sie 4 Tage, bevor Sie ein weiteres neues Produkt einführen. Achten Sie in der Zwischenzeit auf Symptome wie Ausschlag, Durchfall, eine laufende Nase, starke Blähungen oder unübliches Schreien, die Anzeichen einer allergischen Reaktion oder einer Nahrungsmittelunverträglichkeit sein können. Besprechen Sie in solchen Fällen alles Weitere mit Ihrem Arzt.

FINGERFOOD

Geben Sie Babys immer auch Speisen, die sie in die Hand nehmen und an denen sie kauen und lutschen können. Mit 6 Monaten versuchen viele bereits, Essen in die Hand zu nehmen, und mit 8 oder 9 Monaten stellen sie sich schon ziemlich geschickt dabei an. Geben Sie Ihrem Kind testweise zunächst ein großes Stück rohes, geschältes Obst, z. B. eine Apfelspalte. Ebenfalls sehr beliebt ist Zwieback. Fingerfood für Babys muss hart sein, damit nicht versehentlich kleine Stücke abbrechen, an denen das Kind ersticken könnte. Die Kleinen saugen in der Regel so lange an den harten Knabbereien, bis sie weich genug sind, um sie herunterzuschlucken.

ERSTE GETRÄNKE

Selbst nach der Einführung von Beikost ist Muttermilch oder Milchnahrung noch ein wichtiger Teil der Säuglingskost, geben Sie Ihrem Kind daher zunächst nur selten andere Getränke. Gegen geringe Mengen Wasser, Fruchtsaft oder Schorle ist nichts einzuwenden.

ERNÄHRUNGSPLÄNE

Planen Sie die Mahlzeiten für Ihre Familie unter Berücksichtigung der Ernährungspyramide (S. 8–10). Es ist hilfreich, sich die einzelnen Zutaten dabei auf einem Teller liegend vorzustellen. Den meisten Raum sollten dabei stärkehaltige Kohlenhydrate, wie Reis, Pasta, Couscous, Polenta oder Hirse bzw. Alternativen wie Kartoffeln oder Hülsenfrüchte, einnehmen. Den geringsten Platz beanspruchen idealerweise proteinhaltige Nahrungsmittel, wie Fleisch, Geflügel, Fisch, Eier, Bohnen oder Erbsen. Konzentrierte Fette, wie Butter und Öl, sowie Zucker sollten sehr sparsam verwendet werden.

Die folgenden Empfehlungen zu Anzahl und Größe der täglichen Portionen sind lediglich grobe Richtlinien. Da ich selbst Mutter bin, weiß ich, dass der Appetit von Kindern von Tag zu Tag schwankt. Sorgen Sie sich daher nicht, wenn Ihr Kind nicht immer die angegebenen Mengen zu sich nimmt; der wöchentliche Durchschnittsverzehr wiegt weitaus mehr als der tägliche.

SÄUGLINGSERNÄHRUNG

1–4 MONATE

Neugeborene dieses Alters erhalten in der Regel ausschließlich Muttermilch (oder Milchnahrung).

4 MONATE

In diesem Alter brauchen Säuglinge noch keine Beikost, allerdings kann man sie jetzt schon bedenkenlos einführen. Es sei denn, es besteht ein erhöhtes Allergierisiko (S. 19), in diesem Fall sollten Sie warten, bis Ihr Kind 6 Monate alt ist. Bedenken Sie, dass Milch immer noch das wichtigste Nahrungsmittel für Ihr Baby ist, und ein Kind, das hungriger ist als zuvor – etwa weil es einen Wachstumsschub erlebt –, möglicherweise nur etwas mehr davon braucht.

Möchten Sie Beikost einführen, geben Sie Ihrem Kind weiterhin alle üblichen Milchportionen, und wählen Sie eine bestimmte Tageszeit, z. B. Mittag, zu der Sie außerdem einen oder mehrere Löffel Brei (S. 17) anbieten. 2 Wochen später füttern Sie die Beikost dann zusätzlich zu einer weiteren Mahlzeit, etwa zum Frühstück.

5 MONATE

Auch jetzt reicht Milch für die meisten Säuglinge als einzige Kost völlig aus. Wer aber mit der Beikost beginnen möchte, geht wie oben beschrieben vor. Wurde die Beikost bereits eingeführt, darf schon ein wenig experimentiert werden: Kombinieren Sie verschiedene Nahrungsmittel, bereiten Sie gröbere und dickflüssigere Breie zu, und führen Sie vielleicht das erste Geflügel ein. Mit 5½ Monaten sind bereits drei feste Mahlzeiten pro Tag möglich: morgens, mittags und abends.

6–12 MONATE

Hat Ihr Kind bis jetzt noch keine Beikost erhalten, ist jetzt die richtige Zeit, sie einzuführen. Ab der zweiten Hälfte des ersten Lebensjahrs wird feste Nahrung für Säuglinge immer wichtiger, auch wenn Milch nach wie vor ein wichtiger Bestandteil ihres Speiseplans ist. Sobald die Menge an Beikost der Menge an verzehrter Milch in etwa gleichkommt, müssen Sie für eine ausgewogene Ernährung mit Produkten aus allen Lebensmittelgruppen sorgen; dies ist in der Regel aber frühestens nach dem Ende des ersten Lebensjahrs der Fall. Geben Sie Ihrem Baby die Beikost morgens, mittags und abends, und erlauben Sie eventuell vor- und nachmittags eine kleine Zwischenmahlzeit. Bei Säuglingen variieren die Menge der verzehrten Beikost und die Häufigkeit, mit der sie danach verlangen, noch ziemlich stark.

Die Flüssigkeitszufuhr sollte weiterhin über Muttermilch oder Milchnahrung geregelt werden. Ein kleines Glas verdünnter Frucht- oder Gemüsesaft pro Tag ist aber durchaus erlaubt. Wenn Sie Ihre Milchproduktion ankurbeln möchten, sollten Sie Ihrem Baby allerdings keine zusätzlichen Getränke geben. Füttern Sie auch keine Ziegen-, Schafs-, Kokos- oder Sojamilch, – deren Nährstoffkombination ist nicht die, die Ihr Kind zurzeit benötigt. Zur Zubereitung von Speisen können Sie inzwischen alledings pasteurisierte Kuhmilch (Vollmilch) verwenden.

Ein 6 Monate altes Baby kann morgens, mittags und nachmittags ruhig etwas Beikost erhalten. Die Zusammensetzung der Speisen ist in dieser Phase noch nicht so wichtig, versuchen Sie trotzdem täglich Folgendes anzubieten:

- 2–3 Portionen stärkehaltige Kohlenhydrate,
- 2 Portionen Obst und Gemüse (plus Kartoffeln und Hülsenfrüchte, falls diese nicht als Kohlenhydratalternativen gewählt wurden),
- 1 Portion proteinhaltige Nahrungsmittel.

Ein 9–12 Monate altes Baby kann täglich Folgendes erhalten:

- 3–4 Portionen stärkehaltige Kohlenhydrate,

• 3–4 Portionen Obst und Gemüse (inklusive Kartoffeln und Hülsenfrüchten, falls diese nicht bereits als Kohlenhydratalternativen gewählt wurden),
• 1–2 Portion proteinhaltige Nahrungsmittel.
Wenn Sie und Ihre Familie sich gesund und ausgewogen ernähren, kann Ihr Kind bedenkenlos dieselben Speisen verzehren wie Sie; Sie müssen die Rezepte lediglich an die kindlichen Bedürfnisse anpassen. So dürfen Sie z. B. nichts salzen und sollten möglichst keinen zusätzlichen Zucker verwenden (ab und an ein wenig ist aber durchaus erlaubt). Auch Kräuter und Gewürze sollten Sie zunächst nur sparsam verwenden, damit sich Ihr Kind an den neuen Geschmack gewöhnen kann.

ERNÄHRUNG FÜR 1- BIS 3-JÄHRIGE

Mit 1 Jahr wird Ihr Kind wohl noch die Hälfte der von ihm benötigten Kalorien über die Milch erhalten, vielleicht sogar mehr, denn nicht alle 1-Jährigen nehmen gerne feste Nahrung zu sich. Von nun an sollte die Beikost die Milch als Hauptnahrungsmittel allerdings nach und nach ablösen. Muttermilch und Milchnahrung können ab jetzt durch Kuhmilch ersetzt werden. Da diese allerdings nur geringe Mengen Eisen enthält, sollten Sie, gerade wenn Ihr Kind noch wenig feste Nahrung zu sich nimmt, eisenhaltige Nahrungsmittel (S. 13) als Beikost bevorzugen und eventuell Ihren Arzt fragen, ob es sinnvoll ist, zusätzlich ein Eisenpräparat zu verabreichen. Muttermilch enthält mehr Eisen als Kuhmilch; Kinder, die nur wenig Beikost verzehren, aber noch gestillt werden, leiden daher selten unter Eisenmangel.

Sorgen Sie sich nicht darum, wie viel Ihr Kind isst, Ihre Anspannung kann sich leicht auf Ihren Sprössling übertragen. Bieten Sie ihm dieselbe ausgewogene Ernährung wie dem Rest der Familie, und gewöhnen Sie es vor allem nicht an zu viel Süßigkeiten und Weißmehlprodukte. Eine kalzium-, eisen- und vitaminreiche Ernährung (S. 13–15) ist in diesem Alter besonders wichtig. In Gesellschaft essen Kleinkinder oft mehr, da dann häufig nicht die gesamte Aufmerksamkeit auf ihren Verzehr gerichtet ist. Sorgen Sie daher dafür, dass die Familie, wann immer möglich, gemeinsam isst.

Reichen Sie täglich

• 3–4 Portionen stärkehaltige Kohlenhydrate,
• 3–4 Portionen Obst und Gemüse (inklusive Kartoffeln und Hülsenfrüchten, falls diese nicht bereits als Kohlenhydratalternativen gewählt wurden),
• 1 Portion proteinhaltige Nahrungsmittel,
• 2–3 Portionen Vollmilchprodukte (Kinder über 2 Jahre können auch fettarme Milchprodukte erhalten).

ERNÄHRUNG FÜR KINDER ÜBER 3 JAHRE

Vertrauen Sie darauf, dass Ihr Kind isst, was es braucht. Sie haben allen Grund dazu, vorausgesetzt, Sie bieten ihm eine ausgewogene Ernährung. Zwingen Sie Ihr Kind nie zum essen, belohnen Sie die Verweigerung einer Mahlzeit aber auch nicht kurze Zeit später mit kalorienreichem, nährstoffarmem Junkfood; Ihr Kind wird sich schnell daran gewöhnen und Ihr Verhalten ausnutzen. Und wenn solche Abläufe erst einmal zur Regel geworden ist, sind nicht selten Verhaltensauffälligkeiten, Übergewicht und Nährstoffmangel die Folge. Geben Sie Ihrem Kind also lieber einen gesunden Snack (S. 22), wenn es die Hauptmahlzeit einmal ausgelassen hat.

Reichen Sie täglich

• 6–11 Portionen stärkehaltige Kohlenhydrate,
• 5 Portionen Obst und Gemüse (inklusive Kartoffeln und Hülsenfrüchten, falls diese nicht bereits als Kohlenhydratalternativen gewählt wurden),
• 2–3 Portion proteinhaltige Nahrungsmittel.

Bieten Sie darüber hinaus wöchentlich an

• 2–3 Portionen Hülsenfrüchte (als Alternative zu den Kohlenhydraten oder als Gemüseportion),
• 2–3 Portionen fetteichen Fisch (als proteinhaltiges Lebensmittel),
• nicht mehr als 3 Portionen Fleisch, da dieses relative viele gesättigte Fettsäuren enthält.

SCHULKINDER

Ein gutes Frühstück versorgt Ihr Kind mit ausreichend Energie, um konzentriert lernen zu können. Das Zusammenstellen des Pausenbrots ist allerdings nicht immer leicht, denn häufig wollen Kinder nur das, was ihre Freunde bekommen. Im schlimmsten Fall sind das Süßigkeiten oder andere wenig nährstoffreiche Produkte. Gerade bei jüngeren Kindern muss das Pausenbrot besonders appetitlich aussehen und sich mit bunten Junkfood-Verpackungen messen können. Sprechen Sie eventuell mit anderen Eltern; vielleicht einigen sie sich ja darauf, künftig allen Kindern ein gesundes Pausenbrot mitzugeben und auf Süßes zu verzichten.

Manche Kinder fühlen sich in der Schule rasch wie ein Fisch im Wasser, andere brauchen Zeit, um sich an die neue Umgebung mit ihren Gerüchen, fremden Menschen und ungewohnten Anforderungen anzupassen. Helfen Sie Ihrem Kind, indem Sie sich Zeit nehmen, ihm zuzuhören, besonders wenn es nach Hause kommt.

Die meisten Schüler sind sehr aktiv und benötigen eine entsprechend energiereiche Kost. Geben Sie ihnen daher zum Frühstück, Pausenbrot und Mittagessen immer ein paar Lebensmittel mit niedrigem GI (S. 30), die eine langfristige Energieversorgung garantieren.

VEGETARISCHE UND VEGANE ERNÄHRUNG

Falls sich Ihr Kind vegetarisch ernährt, benötigt es viele eisen- (S. 13) und Vitamin-B_{12}-haltige (S. 14) Nahrungsmittel. Geben Sie ihm daher täglich je ein Produkt aus mindestens zwei der folgenden Gruppen:

- Milchprodukte – in Form von Milch, Käse oder Joghurt
- Getreide – in Form von Brot, Frühstücksflocken oder Getreide pur
- Hülsenfrüchte – in Form von Erbsen, Bohnen oder Linsen

Zu den vielen vegetarischen Gerichten in diesem Buch zählen die Frittata (S. 58), die Gemüseburger (S. 71), die Spinat-Ricotta-Pastete (S. 93) und die Paprika-Ampel (S. 94).

Ernährt sich Ihr Kind vegan, verzichtet also auf alle Lebensmittel tierischen Ursprungs, sollten Sie mit einem Arzt besprechen, ob diese Ernährungsform angemessen ist und eventuell Nahrungsergänzungsmittel gegeben werden müssen. Eine rein makrobiotische oder auf Früchten basierende Ernährung ist für Kinder ungeeignet.

HAUPTGERICHTE

Frühstück, Mittag- und Abendessen sind die klassischen Hauptmahlzeiten, viele Kinder bevorzugen jedoch fünf oder mehr kleine Mahlzeiten täglich. Das ist kein Grund zur Sorge und lässt sich leicht erreichen, wenn Sie morgens, nachmittags und eventuell vor dem Zubettgehen, kleine Zwischenmahlzeiten einfügen. Dies verhindert, dass die Kinder zwischen den Hauptmahlzeiten von Hungerattacken geplagt werden, wodurch sie schnell nervös und gereizt werden können.

MORGENS

Für viele Menschen ist das Frühstück die Mahlzeit, auf die sie am ehesten verzichten können. Ernährungswissenschaftler sind sich allerdings einig, dass es unerlässlich ist, den Tag mit einer guten Nährstoffgrundlage zu beginnen, um Körper und Geist zu aktivieren. Ein ausgewogenes, sättigendes Frühstück beschwingt Ihr Kind und verhindert, eventuell zusammen mit einer kleinen Zwischenmahlzeit, einen Energieeinbruch am späten Vormittag. Schon ein einfaches gekochtes Ei mit Toast und danach etwas Obst stärkt Ihr Kind am Morgen. Wenn es Frühstücksflocken bevorzugt, geben Sie ihm zuckerfreie Sorten und bieten Sie zusätzlich etwas Obst und Joghurt an. Besonders energiereiche Nahrungsmittel oder solche mit einem niedrigen GI (S. 30, Müdigkeit) helfen Ihrem Kind, einen Morgen voller Unterricht und Spiel zu meistern.

MITTAGS

Das Mittagessen sollte ausgewogen und gehaltvoll sein, da es Nährstoffe und Energie für mehrere Stunden liefern muss. Gerade von Schulkindern wird die Zeit zwischen Mittag- und Abendessen oft als sehr lang empfunden. Planen Sie bei daher ausreichend energiereiche Lebensmittel oder solche mit einem niedrigen GI (S. 30, Müdigkeit) für das Mittagessen ein.

ABENDS

Das Abendessen kann vom Umfang her geringer ausfallen als die anderen beiden Hauptmahlzeiten. Manche Kinder schlafen besser, nachdem sie viele Kohlenhydrate, aber nur wenig Proteine zu sich genommen haben. Nudelgerichte aller Art (S. 38–51) sind im Hinblick darauf eine gute Wahl.

ZWISCHENDURCH

Auch die kleinen Snacks sollten nahrhaft sein. Halten Sie sich mit Süßigkeiten, Weißmehlprodukten und fetthaltigen, salzigen Knabbereien zurück. Geben Sie Ihrem Kind stattdessen frisches oder getrocknetes Obst oder Gemüse zum Dippen (S. 116). Ein belegtes Brot (S. 112–113) oder eine pure Scheibe Vollkornbrot sind ebenfalls ideal. Wenn Sie etwas Zeit haben, können Sie auch einen Milchshake (S. 77) zubereiten.

GESUND EINKAUFEN

Im Folgenden gebe ich Ihnen einige Tipps, die Sie beim Kauf Ihrer Lebensmittel beachten sollten.

BROT, NUDELN, UND ANDERE GETREIDEPRODUKTE

Mehl und andere Getreideprodukte sind prinzipiell wertvoll, die meisten Nährstoffe enthalten allerdings Vollkornprodukte. Ziehen Sie daher Vollkornbrote und -brötchen solchen aus Weißmehl vor. Probieren Sie auch Vollkornreis und Vollkornnudeln. Beim Kochen und Backen können Sie öfter auch zu Vollkornmehl greifen; bei den meisten Rezepten lässt sich die angegebene Mehlmenge problemlos im Verhältnis 50:50 auf Vollkorn- und Weißmehl aufteilen. Wenn Sie das eine oder andere Produkt einmal nicht im Supermarkt bekommen, werden Sie in einem Naturkostladen mit Sicherheit fündig werden.

Bei Frühstücksflocken sollten Sie idealerweise Produkte ohne Zuckerzusatz wählen. Gerade auf die Zahngesundheit wirken sich Frühstücksflocken mit Zuckerkruste besonders negativ aus. Das gilt natürlich ebenso für andere gezuckerte Fertigprodukte.

Mais enthält weniger Ballaststoffe als andere Getreidesorten, lässt sich jedoch äußerst vielseitig verarbeiten. Polenta beispielsweise kann sehr früh in den Speiseplan aufgenommen werden, und die Maispuffer (S. 76) schmecken bestens. Weitere nahrhafte Getreidesorten sind Grieß und Couscous (S. 89), Milchreis und Reismehl. Das aus den Knollen des Manikostrauchs gewonnene Tapioka und Sago, das aus dem Mark der Sagopalme hergestellt wird, sind nützliche Stärkemehle, zählen aber nicht zu den Getreideprodukten.

GEMÜSE UND OBST

Kaufen Sie Obst und Gemüse am besten frisch oder tiefgekühlt. Die Nährwertunterschiede zwischen frischen und tiefgekühlten Produkten sind gering, denn in der Regel wird die Ware gleich nach der Ernte schockgefrostet. Konserven sind nicht sonderlich nährstoffreich, denn durch den Prozess der Haltbarmachung verlieren manche Lebensmittel bis zur Hälfte ihrer Nährstoffe. Gezuckertes Obst aus der Dose ebenso wie Gemüsekonserven, die gezuckert oder gesalzen sind, sollten Sie grundsätzlich meiden; geben Sie vor allem Säuglingen niemals Gesalzenes.

BIO-PRODUKTE

Normalerweise werden kommerziell angebaute Lebensmittel während der Wachstumsphase mehrere Male gespritzt; anhand von Proben wird zwar sichergestellt, dass die Pestizide so wenig Rückstände hinterlassen wie möglich, doch ganz zu vermeiden sind sie nicht. Bestimmte Lebensmittel, darunter Karotten, Äpfel und Blattsalate, sind besonders stark belastet. Produkte aus ökologischer Landwirtschaft sind hingegen frei von Pestiziden, Zusatzstoffen und künstlichen Wachstumshormonen. Derartige Produkte finden Sie inzwischen in vielen Lebensmittelgeschäften und auf Wochenmärkten. Sie sind meist etwas teurer, doch wegen der steigenden Nachfrage sinken die Preise stetig.

MILCH, JOGHURT UND KÄSE

Mit fettreduzierten Milchprodukten lässt sich der Verzehr von Fett – vor allem der von gesättigten Fettsäuren – in Ihrer Familie hervorragend verringern. Fettreduzierte Produkte sind allerdings erst für Kinder über 2 Jahre geeignet (Magermilchprodukte sogar erst für Kinder über 5). Jüngere Kinder benötigen mehr Fett und fettlösliche Nährstoffe für ihr Wachstum als Kinder über 5, und Milch ist in ihrem Alter die hauptsächliche Fettquelle. Wenn Sie sich ansonsten nicht zu fett ernähren, kann vielleicht auch der Rest der Familie bei Vollfettkäse und -joghurt bleiben und nur bei der Milch auf ein mageres Produkt ausweichen – es ist alles eine Frage der Ausgewogenheit.

FETTE

Verwenden Sie Fette und Öle in Reinform nur sehr sparsam. Butter schmeckt zwar hervorragend, enthält aber enorm viele gesättigte Fettsäuren, dasselbe gilt für aus gehärteten Fetten hergestellte Margarinen und Bratfette. Reform-Margarinen und Streichfette aus reinem Olivenöl enthalten hingegen kaum gesättigte Fettsäuren. Zum Kochen empfehle ich:

- natives Olivenöl extra oder Rapsöl – beide reich an Omega-3-Fettsäuren (S. 12),
- Maiskeim-, Sonnenblumen- oder Rapsöl – jeweils reich an Omega-6-Fettsäuren (S 12).

Salate sollten Sie am besten mit Ölen zubereiten, die viele Omega-3-Fettsäuren beinhalten.

FERTIGPRODUKTE

Selbstgemachtes schmeckt in der Regel besser als Gekauftes, und viele Fertigprodukte, wie Mayonnaise und Plätzchen, sind ziemlich fettig; lesen Sie daher die Zutatenlisten sorgfältig durch. Viele ‚Light'-Produkte sind überhaupt nicht so ‚light' wie sie vorgeben. Ein Produkt, das überlicherweise einen Fettanteil von 60% besitzt, aber auf einen Fettanteil von 40% reduziert wurde, ist immer noch äußerst fett- und kalorienreich. Produkte mit einem Fettgehalt über 4% kann man nicht wirklich als fettarm bezeichnen.

GETRÄNKE

Viele Kinder lieben Fruchtsäfte, und manche mögen sogar Gemüsesäfte. Eine der täglichen Obst- und Gemüseportionen können sie daher gut über Saft einnehmen. Direktsäfte sind gesünder und oft schmackhafter als Konzentrate, am besten sind allerdings die selbstgespressten. Trinkt Ihr Kind mehr als eine Portion Saft pro Tag, sollten Sie die einzelnen Gaben mit Wasser verdünnen. Grundsätzlich ist es natürlich besser, wenn Kinder Obst und Gemüse hauptsächlich ganz – also inklusive aller Ballaststoffe – und nicht nur als Saft erhalten.

Softdrinks enthalten enorme Mengen an Zucker oder Süßstoff, deshalb sind sie für den täglichen Verzehr von Kleinkindern nicht geeignet. Erlauben Sie Ihrem Kind Softdrinks nur gelegentlich zu trinken, wenn überhaupt.

Kuhmilch als Getränk ist erlaubt, aber nicht nötig – außer für Kinder über 1 Jahr, die weder Muttermilch noch Milchnahrung erhalten und nicht genügend feste Nahrung zu sich nehmen. 2-Jährigen, die keine Milch mögen, können Sie Wasser oder Saft geben. Da Milch ein hervorragender Eiweiß-, Kalzium- und Fettlieferant ist, sollten Sie allerdings Ihren Arzt fragen, wie ein eventuelles Defizit ausgeglichen werden kann.

ZWISCHENMAHLZEITEN

Knabbereien wie Chips, Flips und Nachos gibt es reichlich in den Supermärkten, doch ist Gesalzenes ist für Kinder unter 1 Jahr völlig ungeeignet. Wegen des hohen Fettanteil sollten aber auch ältere Kinder Chips & Co nur in Maßen genießen. Weichen Sie lieber auf gesunde Alternativen aus (S. 22). Nüsse und Saaten sind für Kinder unter 5 Jahren aufgrund der Erstickungsgefahr nicht geeignet. Erdnussbutter ist in dieser Hinsicht unproblematisch, bedenken Sie aber, dass Erdnüsse potenzielle Allergieauslöser sind.

LEBENSMITTELHYGIENE UND -LAGERUNG

Geben Sie Ihrem Kind nur Nahrungsmittel, die gut aussehen und schmecken. Werfen Sie besser alles weg, was Ihnen zweifelhaft erscheint. Bestenfalls schmeckt es schlecht, schlimmstenfalls führt es zu gefährlichen Magen-Darm-Problemen oder einer Lebensmittelvergiftung. Die risikoreichsten Lebensmittel im Hinblick auf Haltbarkeit sind Fleisch und Geflügel (roh oder gegart), Pasteten, Fisch, Milchprodukte, vorgekochte und gekühlte Fertiggerichte sowie Tiefkühlkost, die aufgetaut und wieder eingefroren wurde.
Folgendes sollten Sie im Umgang mit Nahrungsmitteln beachten:

- Fleisch, Geflügel, Fisch und Milchprodukte stets kühl lagern.
- Fleisch, Geflügel und Fisch, wenn tiefgekühlt, immer im Kühlschrank auftauen.
- Rohes Fleisch und Geflügel sowie rohen Fisch von anderen Nahrungsmitteln fernhalten, vor allem Ihre Säfte dürfen nicht mit anderen Nahrungsmitteln in Kontakt kommen.
- Trockene Zutaten in fest verschließbaren, Tiefkühlprodukte in luftdicht verschließbaren Behältern aufbewahren.
- Fleisch und Geflügel immer gut durchgaren, bis klarer Bratensaft herausrinnt, sobald man in die dickste Stelle einsticht.
- Eventuelle Reste sofort in den Kühlschrank stellen und höchstens 1–2 Tage lagern, danach wegwerfen.
- Nichts nach Ablauf des Mindesthaltbarkeitsdatums verzehren.
- Die Kühlschranktemperatur nie über 4 °C, die des Gefrierschranks nie über -18 °C steigen lassen.
- Tiefkühlware nicht zu lange lagern. Die ältesten Artikel zuerst verzehren und die Höchstwerte aus der Betriebsanleitung der Tiefkühltruhe zur Lagerzeit einzelner Gefriergüter nicht überschreiten.
- Jeweils getrennte Schneidbretter für rohes Fleisch und andere Zutaten verwenden. Nach der Zubereitung von rohem Fleisch oder Fisch, Hände, Messer und Schneidbrett gründlich reinigen.
- Vollkornmehl nicht zu lange bei Zimmertemperatur lagern, da die enthaltenen Fette ranzig werden können.

Halten Sie alle Arbeitsflächen sauber und lassen Sie niemals Haustiere darüberlaufen. Zum Wischen und Spülen verwenden Sie am besten täglich frische Wegwerftücher. Oder nehmen Sie jeden Tag ein neues frisch gewaschenes Geschirrtuch und kochen Sie Spülschwämme und -lappen zur Desinfektion regelmäßig aus.

FLÄSCHCHEN, SAUGER UND GESCHIRR

Sterilisieren Sie alle Fläschchen, Deckel, Sauger und Flaschenbürsten nach jedem Gebrauch, unabhängig vom Alter Ihres Kindes. Ansonsten nisten sich sofort Bakterien in den Rückständen der Milch oder der anderen Flüssigkeiten ein. Löffel, Schalen, Teller und Tassen müssen nicht sterilisiert werden, sofern man sie gründlich spült.

SPEISEN ZUBEREITEN

Die Zubereitung von Lebensmitteln hat einen wesentlichen Einfluss auf den in ihnen enthaltenen Nährwert.

GEMÜSE UND OBST

Obst und Gemüse immer gründlich waschen, bevor sie roh gegessen oder in der Schale gekocht werden. Karotten und anderes Wurzelgemüse aus herkömmlicher Landwirtschaft immer schälen. Zitrusfrüchte werden in der Regel gewachst, damit sie besser aussehen. Wollen Sie die Schalen verwenden, kaufen Sie ungewachste Früchte, oder entfernen Sie das Wachs mit heißem Seifenwasser. Obst und Gemüse immer erst kurz vor der Verwendung schälen; sie reagieren rasch mit der Luft, die Schnittstellen werden braun und die Lebensmittel verlieren Vitamin C. Gemüseschalen und andere Schnittabfälle können für die Zubereitung von Suppen und Eintöpfen verwendet werden.

Gemüse und Obst sollten Sie so schonend wie möglich garen, das erhält Geschmack, Vitamin C, Vitamin B_{12} und Folsäure. Verwenden Sie den Sud für die Zubereitung von Suppen und Saucen oder zum Verdünnen von Babybreien.

FLEISCH

Kaufen Sie nur magere Stücke und entfernen Sie alles sichtbare Fett vor der Zubereitung.

BRATEN UND FRITTIEREN

Fette in Reinform sollten nur sehr maßvoll genossen werden, verwenden Sie zum Braten daher so wenig wie möglich. Greifen Sie lieber zu mehrfach ungesättigten Ölen, wie Sonneblumen-, Raps- oder Maiskeimöl, oder einfach ungesättigten Ölen, wie Olivenöl. Achten Sie darauf, dass Gebratenes nicht anbrennt, denn bei hohen Temperaturen entstehen ungesunde so genannte Transfettsäuren. Frittierte Speisen sind meist sehr fettig, außerdem ist Frittieren die gefährlichste Garmethode im Beisein von Kindern.

SALZ

Verwenden Sie so wenig Salz wie möglich. Greifen Sie stattdessen zu Kräutern und Gewürzen, um den Speisen mehr Geschmack zu verleihen. Säuglinge dürfen gar kein Salz erhalten. Zu viel davon kann schlimmstenfalls zu Nierenversagen führen. Schädlich ist das im Salz enthaltene Natrium; geben Sie einem Säugling daher auch keine salzfreien Speisen, die viel Natrium enthalten.

Beliebte salz- oder natriumhaltige Lebensmittel sind: Speck und Geräuchertes, Würstchen, Brühwürfel, Hefeextrakt, Sojasauce, Ketchup und sauer eingelegte Lebensmittel, viele Fertiggerichte inklusive Suppen, zahlreiche Gemüsekonserven und Backpulver.

ZUCKER

Verwenden Sie auch davon so wenig wie möglich. Denken Sie zweimal nach, bevor Sie Frühstücksflocken, Obst oder Tee für Ihre Kinder zuckern. Zu viel Zucker ist schlecht für sie, vor allem für ihre Zähne (S. 29–30). Bei den Rezepten in diesem Buch wurde bewusst auf größere Mengen verzichtet. Versuchen Sie, den Zuckeranteil in anderen Rezepten auf etwa die Hälfte zu reduzieren. Nutzen Sie besser die natürliche Süße von frischen oder getrockneten Früchten oder Gemüsesorten wie Karotten, Rote Bete und Süßkartoffeln aus. Und denken Sie immer daran, Ihrem Kind nach dem Verzehr von Süßigkeiten die Zähne zu putzen.

KRÄUTER UND GEWÜRZE

Je mehr Lebensmittel Kinder in den ersten Jahren – und vor allem im allerersten Lebensjahr – probieren, umso interessierter werden sie auch späterhin an unbekannten Nahrungsmitteln und neuen Geschmackserlebnissen sein. Machen Sie sie daher von Anfang an auch mit Kräutern und Gewürzen vertraut. Allerdings sollten diese zu Beginn noch nicht so intensiv hervorstechen. Ich habe die Speisen für meine Kinder zunächst nur sehr leicht gewürzt und den Anteil an Gewürzen oder Kräutern nach und nach gesteigert, wenn meine Kinder Geschmack daran gefunden hatten.

DAS RICHTIGE GEWICHT

Kleinkinder sind eigentlich immer etwas rundlich. Sie wissen gewöhnlich, ob Ihr Ihr Kind ein normales Gewicht hat. Um sicherzugehen, können Sie von Ihrem Arzt aber auch eine Gewichtstabelle erstellen lassen. Sorgen müssen Sie sich erst, wenn das Gewicht Ihres Kindes viel zu hoch oder zu niedrig ist oder sich dorthin entwickelt.

Mit etwa 5 Jahren werden die meisten Kinder automatisch schlanker. Ältere Kinder laufen vor allem dann Gefahr, übergewichtig zu werden, wenn auch mindestens ein Elternteil übergewichtig ist. Haben Sie ebenso ein Gewichtsproblem wie Ihr Kind, sollten Sie daher zunächst an sich selbst arbeiten, bevor Sie sich um Ihr Kind kümmern. Das Vorbild, das Sie ihm hinsichtlich gesunder Ernährung, sportlicher Betätigung und Stressbewältigung liefern, wird wahrscheinlich wirksamer sein als alle anderen Maßnahmen.

ÜBERGEWICHT

Übergewichtige Kinder können ihre überschüssigen Kilos noch während der Wachstumsphase verlieren. Aus gesundheitlichen – und eventuell auch psychologischen – Gründen, sollten Sie dem Übergewicht aber vielleicht jetzt schon entgegenwirken. Dickere Kinder sind häufig etwas träge, werden in der Schule oft gehänselt oder aus dem engeren Kreis ihrer Mitschüler ausgeschlossen. Der wichtigste Grund für eine Gewichtsreduktion aber ist, dass übergewichtige Kinder leicht zu übergewichtigen Erwachsenen werden, was viele gesundheitliche Probleme nach sich ziehen kann. Studien haben ergeben, dass Kinder immer dicker werden. Es liegt an uns, dies zu verhindern. Zu den Gründen für Übergewicht bei Kindern zählen:

- zu wenig Bewegung,
- eine schlechte Ernährung – meist durch Nahrungsmittel mit einem hohen GI (S. 30, Müdigkeit),
- zu viele und zu große Portionen,
- Essen als Stressbewältigung,
- medizinische Ursachen – dies ist allerdings nur selten der Fall.

Gegenmaßnahmen: Achten Sie auf eine gesunde, ausgewogene Ernährung, auf regelmäßige Mahlzeiten und fördern Sie vor allem die tägliche Bewegung Ihres Kindes. Dann wird sich sein Gewicht nach und nach mit dem Wachstum regulieren. Beginnen Sie keine Reduktionsdiät ohne den Rat und die Aufsicht eines Arztes.

UNTERGEWICHT

Untergewicht ist bei Kindern eher selten zu beobachten. Es kann dadurch zustande kommen, dass ein Kind zu wenig isst, sich zu viel bewegt oder unter Stress leidet. Eventuell gibt es auch medizinische Ursachen, z. B. Würmer oder eine Überfunktion der Schilddrüse.

SORGENKINDER

Im Kreise anderer essen Kinder meist besser und machen weniger Unfug, als wenn sie alleine essen. Das mag daran liegen, dass die Aufmerksamkeit nicht allein auf ihnen ruht. Versuchen Sie, alle Mahlzeiten ohne Hektik einzunehmen, das fördert die Verdauung und damit die Nährstoffaufnahme. Sollte Ihr Kind dennoch problematisches Essverhalten an den Tag legen, beachten Sie folgende Tipps:

ABLEHNUNG KLUMPIGER SPEISEN

Kinder lehnen gröbere Breie meist dann ab, wenn sie sich an fein pürierte Speisen gewöhnt haben. Die erste Beikost muss sehr fein püriert sein, doch schon nach einigen Wochen sollten die Breie gröber werden. Dies lässt sich am leichtesten erreichen, indem man die Zutaten einfach mit einer Gabel zerdrückt, anstatt sie in den Mixer zu geben oder durch ein Sieb zu streichen, oder den Mixer nur kurz betätigt. Säuglinge, die die erste Beikost mit 4 Monaten erhalten haben, können mit 6 Monaten bereits gröbere Breie erhalten.

Einige Kinder lehnen gröbere Breie ab, weil sie sie zu früh erhalten oder sich daran verschluckt haben. Orientieren Sie sich bei der Gewöhnung an festere Kost an den Bedürfnissen Ihres Babys. Füttern Sie 1 bis 2 Wochen lang Beikost, die kaum gröber ist als die glatten Breie die es kennt, und gehen Sie dann langsam zu gröberen Konsistenzen und schließlich zu größeren Stückchen über. Wenn Ihr Kind sich darüber beschwert oder die Nahrung verweigert, bereiten Sie den Brei beim nächsten Mal noch einmal etwas glatter zu.

SPIELEN MIT NAHRUNGSMITTELN

Kleinkinder spielen aus verschiedenen Gründen mit dem Essen. Manche haben keinen Hunger, weil sie zuviel getrunken oder zuviel zwischendurch gegessen haben. Möglich ist auch, dass das Kind krank oder verärgert ist. Sollte es sich nicht wohlfühlen, suchen Sie, falls erforderlich, einen Arzt auf. Ist es verärgert ist, versuchen Sie einzulenken; schmusen Sie mit ihm, reden Sie mit Ihm, wenn es alt genug ist, oder lassen Sie ihm einfach Zeit, sich zu beruhigen.

VERWEIGERUNG BESTIMMTER SPEISEN

Während es einerseits sinnvoll ist, ein Kind mit so vielen Nahrungsmitteln wie möglich vertraut zu machen, empfiehlt es sich andererseits nicht, zuviel Aufhebens zu machen, wenn es etwas einmal nicht mag; dies könnte eher zu einer längerfristigen Ablehnung führen.

Geben Sie Ihrem Kind immer nur kleine Portionen von Speisen, die es nicht allzu sehr mag, und sagen Sie nichts, wenn es sie liegen lässt. Stellen Sie das verschmähte Nahrungsmittel immer wieder einmal auf den Speisplan; eines Tages wird es vielleicht gegessen. Zum Teil verweigern Kinder bestimmte Nahrungsmittel, weil sie Geruch, Geschmack, Aussehen oder Konsistenz nicht mögen. In solchen Fällen kann es helfen, das Essen auf verschiedene Weise zuzubereiten.

Wenn Ihr Kind Gemüse verweigert,

• bieten Sie ihm verschiedene Sorten an, auch Hülsenfrüchte.
• präsentieren Sie Gemüse auf unterschiedliche Weise. Lehnt Ihr Kind z. B. gekochte Karotten ab, versuchen Sie es mit rohen.
• tarnen Sie gewissermaßen Gemüse durch Mischen mit anderen Speisen. Pürieren Sie z. B. die Sauce zu den Herbstnudeln (S. 45) oder die Pastinake in der Haifischsuppe (S. 67), sodass das Gemüse für Ihr Kind nicht mehr als solches zu erkennen ist.
• bieten Sie stattdessen mehr Obst an.

Wenn Ihr Kind Obst verweigert,

• bieten Sie ihm zahlreiche Sorten an. Reichen Sie verschiedenfarbige Früchte und Früchte von unterschiedlicher Konsistenz: roh, getrocknet und gekocht, gehackt, püriert und klein geschnitten, um es von Hand zu essen.
• tarnen Sie es, indem Sie es mit anderen Speisen mischen. Geben Sie kleine Fruchtstückchen in die Vanillecreme mit Erdbeermus (S. 103), pürieren Sie die Sauce zu dem Fruchtigen Milchreis (S. 106) oder machen Sie einen Bananenshake (S. 77).
• bieten Sie stattdessen mehr Gemüse an.

Wenn Ihr Kind Milch verweigert,

• mischen Sie sie unter andere Speisen wie beim Gebackenen Pflaumenpudding (S. 102) oder den Mini-Pfannkuchen (S. 37) oder rühren Sie sie unter eine Suppe.
• bieten Sie stattdessen Käse, Quark und Joghurt an.
• geben Sie ihm andere Speisen, die Protein, Fett und Kalzium enthalten.

Wenn Ihr Kind Fleisch verweigert,

• bereiten Sie es anders zu. Hacken Sie es oder kochen Sie es, bis es zarter wird; eventuell kann Ihr Kind es nur schwer kauen oder mag es nicht, wenn sich Fasern zwischen die Zähne setzen.
• bieten Sie verschiedene Sorten an. Versuchen Sie es auch mit Aufschnitt oder ungewöhnlichen Kombinationen, z. B. Backpflaumen im Speckmantel.
• geben Sie Ihrem Kind andere proteinreiche Nahrungsmittel, etwa Eier, wie im Omelett aus der Tasche (S. 35), Fisch, wie im Nudelsalat mit Lachs (S. 79) und Bohnen, wie die Bohnen-Variationen (S. 69).

GENERELLE NAHRUNGSVERWEIGERUNG

Es mag ärgerlich sein, wenn ein Kind Essen verweigert, das Sie extra zubereitet haben. Nehmen Sie es trotzdem nicht persönlich, sondern gehen Sie der Ablehnung auf den Grund. Vielleicht ist Ihr Kind eher durstig als hungrig, oder das Essen ist zu kalt oder zu heiß. Auch eine nasse Windel oder ein wunder Popo können vom Essen ablenken. Ebenso könnte Ihr Kind gerade zahnen und der durchbrechende Zahn schmerzhaft gegen das Zahnfleisch drücken. Weitere Gründe sind denkbar, z. B. Halsschmerzen, eine Erkältung oder schlicht Trotz und Lust am Austesten der Grenzen. Bei manchen Kindern deutet das Verweigern von Nahrung auch auf Einsamkeit, Frustration oder sogar Depressionen hin. Wenn Sie Derartiges vermuten, sollten Sie unbedingt einen Arzt um Rat fragen.

APPETITLOSIGKEIT

Manchmal mögen Kinder einfach nicht essen. Wenn ein Schulkind nicht frühstücken mag, geben Sie ihm ein gesundes Pausenbrot, das es besonders gerne mag, mit auf den Weg. Vielleicht gibt es für den mangelnden Appetit auch soziale oder emotionale Gründe. Verschmäht Ihr Kind das Mittagessen, vermisst es eventuell einen Freund, oder jemand bzw. etwas in der Schule macht es unglücklich oder unsicher. Dem auf den Grund zu gehen, kann Wunder wirken, und ein Kind, dass auf Ihren Beistand vertraut, wird schon bald wieder besser essen. Mitunter kann mangelnder Appetit auch medizinische Gründe haben, dann muss ein Arzt konsultiert werden.

LEBENSMITTEL ALS MEDIZIN

Die medizinische Verwendung von Lebensmitteln ist kein neuer Trend – schon immer wurde versucht, bestimmte Leiden (auch) durch den Verzehr bestimmter Nahrungsmittel zu heilen. Selbst gemachte Hühnersuppe ist z. B.ein beliebtes Hausmittel gegen Erkältungskrankheiten. Solche traditionellen Hausmittel sind erwiesenermaßen wirksam, schnell zubereitet und zeitigen keine Nebenwirkungen.

ALLGEMEINE HINWEISE

- Suchen Sie unbedingt einen Arzt auf, wenn Sie mit einer Ihnen unbekannten Krankheit zu tun haben oder sich auch nach einigen Tagen noch keine Besserung zeigt.
- Verlassen Sie sich weiterhin auch auf konventionelle Medikamente und Therapien.
- Ärgern Sie sich nicht, wenn Ihr Kind angebotene Heilkost ablehnt. Es spürt Ihre Anspannung und gerät unter Druck, was den Heilprozess negativ beeinflusst. Zwingen Sie Ihr Kind zu nichts, es sei denn, der Arzt ordnet es an.
- Ändern Sie den Speiseplan Ihres Kindes nicht drastisch, ohne zuvor mit einem Arzt gesprochen zu haben. Verzichten Sie z. B. nicht von heute auf morgen völlig auf Milch- oder Weizenprodukte. Dies könnte zu gefährlichen Mangelerscheinungen führen.

ANÄMIE

Behandeln Sie eine Eisenmangelanämie mit der vermehrten Zufuhr von eisen-, Vitamin-C- und kupferhaltigen Nahrungsmitteln, dazu zählen Leber, Fisch, Meeresfrüchte, Käse, Eigelb, grünes Gemüse, Aprikosen, Kirschen und Feigen. Gerichte mit einem hohen Eisenanteil sind der Hackfleischzauber (S. 90), die Bohnen-Variationen (S. 69) und der Gebackene Pflaumenpudding (S. 90). Reichen Sie Orangensaft zu allen eisenhaltigen Mahlzeiten, da das enthaltene Vitamin C die Eisenresorption fördert, auf Tee und Cola hingegen sollten Sie verzichten.

ASTHMA

Allergischem Asthma lässt sich durch Lebensmittel mit einem hohen Gehalt an Beta-Carotin, Vitamin B, C und E sowie Magnesium, Selen, Zink und Pflanzenfarbstoffe vorbeugen. Zwiebeln, Beeren, fettreicher Fisch und Buchweizen sind hierzu besonders geeignet. Fördern Sie eine ausreichende Versorgung mit essenziellen Fettsäuren durch die Verwendung von Raps-, Oliven- und Walnussöl anstelle von Maiskeim- oder Sonnenblumenöl und durch ein reichhaltiges Angebot an grünem Blattgemüse, Bohnen, Süßkartoffeln und Vollkornprodukten.

AUSSCHLAG

Durch Vollstillen in den ersten 4 bis 6 Monaten kann die Entstehung von Hautausschlägen verzögert oder der Ausbruch zumindest abgeschwächt werden. Bei Säuglingen mit erhöhtem Allergierisiko kann der Verzicht auf bestimmte Nahrungsmittel – auch seitens der Mutter – den Ausbruch von Ausschlägen verhindern helfen (S. 19). Hat sich ein Ausschlag erst einmal gebildet, bewirkt eine schlichte Nahrungsumstellung wenig. Sollte sich der Ausschlag nach dem Verzehr bestimmter Speisen allerdings verschlimmern, verzichten Sie nach ärztlicher Absprache für die nächsten 3 Monate auf diese Produkte, und beobachten Sie, ob es zu einer Besserung kommt.

Einfache Entzündungen lassen sich durch viel Vitamin A und B, Zink und Omega-3-Fettsäuren eindämmen; Allergien kann man mit reichlich Beta-Carotin, Vitamin C und E, Selen und Pflanzenfarbstoffen entgegenwirken. Sellerie, Zitrusfrüchte, Petersilie, Pastinaken und Brunnenkresse können wegen des in ihnen enthaltenen Psoralen ebenfalls hilfreich sein.

BAUCHSCHMERZEN (Koliken)

Koliken könnend durch eine Nahrungsmittelunverträglichkeit, Verdauungsstörungen oder Verstopfung entstehen; falls Sie eine dieser Ursachen vermuten, schlagen sie unter dem entsprechenden Stichwort nach. Wenn Sie stillen und Ihr Kind unter Koliken leidet, achten Sie auf nahrhafte Kost zwischen den Stillphasen, sollten Sie sich gestresst fühlen, befolgen Sie die Hinweise unter Nervosität.

BETTNÄSSEN

Ihr Kind darf keinen Durst leiden, aber Sie sollten auch kein übertriebenes Trinken am Abend unterstützen. Koffeinhaltige Getränke wie Cola oder Tee sind nach 16 Uhr tabu. Künstlich gefärbte Nahrungsmittel können die Blase irritieren, daher sollte darauf verzichtet werden. Oxalsäurehaltiges, wie Spinat, Erdbeeren und Rhabarber, kann denselben Effekt haben, nicht jedoch, wenn sie mit kalziumreichen Lebensmitteln verzehrt werden, wie es bei der Vanillecreme mit Erdbeermus (S. 103) und der Spinat-Ricotta-Pastete (S. 93) der Fall ist.

BLÄHUNGEN

Fördern Sie ruhige und entspannte Mahlzeiten. Der Verzehr von Obst nach einem fetthaltigen Essen kann Blähungen begünstigen, weil die Fettverdauung ein relativ langwieriger Prozess ist und dadurch die Gärung des Fruchtzuckers im Darm gefördert wird. Dasselbe gilt für die Kombination von Obst mit einfachen Kohlenhydraten, da letztere den Darm ebenfalls nur langsam durchlaufen. Schwefelhaltige Produkte wie Eier können ebenfalls Blähungen verursachen, und während Sie stillen, können auch von Ihnen verzehrte blähende Speisen, wie Zwiebeln und Kohl, bei Ihrem Baby zu Blähungen führen.

BRÜCHIGE NÄGEL

Gegen brüchige Nägel bei Ihrem Kind helfen Nahrungsmittel mit einem hohen Gehalt an Proteinen, Kalzium, Magnesium, Zink und essenziellen Fettsäuren. Auch Eisenmangelanämie kann zu brüchigen Nägeln führen (s. dort). Beachten Sie auch die Hinweise zu Haut- und Nagelpilz.

DURCHFALL

Verwechseln Sie den üblichen weichen Stuhl eines gestillten Säuglings nicht mit Durchfall, und sorgen Sie sich auch nicht, wenn der Stuhl von Kleinkindern manchmal noch Reste von Saaten oder ähnlichen Lebensmitteln enthält; das ist völlig normal. Zuweilen kann Durchfall entstehen, wenn weicher Stuhl am harten Stuhl eines unter Verstopfung leidenden Kindes vorbei ausgeschieden wird (s. Verstopfung). Ebenso könnten eine Magen-Darm-Grippe oder eine Laktoseintoleranz die Ursache sein (s. dort).

ERKÄLTUNG UND GRIPPE

Folgen Sie den Empfehlungen unter dem Stichwort Infektionen und sorgen Sie für eine ausreichende Flüssigkeitszufuhr. Heiße Zitrone ist ideal. Mischen Sie dazu den Saft einer Zitrone mit verzehrwarmem Wasser und süßen Sie das Getränk für Kinder über 1 Jahr mit etwas Honig. Selbst gemachte Hühnersuppe (S. 68) ist ebenfalls heilsam, sie fördert den Schleimfluss, stärkt das Immunsystem und wirkt Nasenentzündungen entgegen.

GLUTENUNVERTRÄGLICHKEIT (Zöliakie)

Gluten ist ein Protein, das sich in Weizen, Gerste, Roggen und oft auch in Haferflocken findet. Hafer selbst enthält zwar kein Gluten, doch während der Produktion von Flocken kommt er oft mit Weizenmehl in Kontakt und wird so mit bis zu 15% Gluten versetzt. Die am weitesten verbreiteten Symptome einer Glutenunverträglichkeit sind Bauchweh, Blähungen und Gewichtsverlust. Das Risiko, an Zöliakie zu erkranken, verringert sich, wenn ein Kind die oben genannten Getreidesorten bis zu einem Alter von 6 Monaten nicht erhält.

Wenn Ihr Kind bereits an Zöliakie leidet, müssen Sie das genannte Getreide aus seinem Speiseplan streichen. Verwenden Sie stattdessen Mais, wie bei der Paprika-Ampel (S. 94) und den Maispuffern (S. 76) und Reis, wie im Fruchtigen Milchreis (S. 106). Weitere glutenfreie Alternativen sind Buchweizen, Hirse und Sorghum.

HAUT- UND NAGELPILZ

Folgen Sie den Empfehlungen unter Infektionen und verzichten Sie bei der Ernährung Ihres Kindes zusätzlich auf zu viele Weißmehlprodukte und Süßigkeiten.

HERPES

Folgen Sie den Empfehlungen zu Infektionen. Bevorzugen Sie außerdem Nahrungsmittel, die reich sind an der Aminosäure Lysin und verzichten Sie auf solche mit viel Arginin, eine weitere Aminosäure. Das gelingt durch den verstärkten Verzehr von Kartoffeln und einer geringeren Aufnahme von Getreide, Saaten und Schokolade.

HEUSCHNUPFEN

Halten Sie sich an die zu Asthma gegebenen Ratschläge, um Allergien zu bekämpfen und das Immunsystem zu stärken. Geben Sie Ihrem Kind kurz vor dem erwarteten Beginn der Heuschnupfenperiode, falls erhältlich, täglich 2 Esslöffel regional produzierten Honig. Säuglinge dürfen keinen Honig erhalten, erkranken aber auch nicht an Heuschnupfen.

INFEKTIONEN

Stärken Sie das Immunsystem mit Beta-Carotin, Vitamin C und E, Selen, Zink und Pflanzenfarbstoffen. Kräuter sind ideale Gegenmittel und lindern viele Symptome, so etwa der antioxydativ wirkende Oregano oder das natürliche Antiseptikum Salbei. Sorgen Sie dafür, dass Ihr Kind ausreichend trinkt, um die Bakterien auszuspülen. Knoblauch, rohe Zwiebeln und Gerste wirken ebenfalls antibakteriell. Versuchen Sie, Ihr Kind für den Gersteneintopf (S. 91) oder einen Gerstensaft mit Zitrone, hergestellt aus dem Sud weich gekochter Gerste und dem Saft einer Zitrone, zu begeistern.

KARIES

Füllen Sie nie zuckerhaltige Getränke in ein Fläschchen; die süße Flüssigkeit durchspült den gesamten Mundraum und fördert Karies schon vor dem Durchbruch der ersten Zähne. Säuglinge sollten möglichst gar keine gezuckerten Speisen erhalten, ist dies nicht zu vermeiden, putzen Sie Ihnen anschließend unbedingt die Zähne.

Beschränken Sie den Verzehr zuckerhaltiger Getränke auf die Mahlzeiten, da der Kauvorgang den Speichelfluss fördert, wodurch ein Großteil der Bakterien weggespült wird. Zähneputzen, der Verzehr ballaststoffhaltiger Speisen und das Spülen des Mundraums mit Wasser helfen, einzelne Spuren von Zucker zu beseitigen. Geschieht das nicht, wird der Zucker noch im Mund von Bakterien zersetzt, wobei die Karies verursachenden Säuren entstehen. Diese lassen sich allerdings durch den Verzehr von Nüssen oder Käse nach dem Essen neutralisieren.

Wasser und Milch sind die besten Getränke zwischen den Mahlzeiten. Neben Cola, Brausen und Limonaden sind auch Fruchtsäfte wegen des enthaltenen Fruchtzuckers nicht unbedingt ideal. Wird ein Stück Obst im Ganzen gegessen, regt dies den Speichelfluss und damit den Abbau von Zuckerkristallen im Mundraum an; bei Säften ist dies nicht der Fall. Sind zuckerhaltige Getränke zwischen den Mahlzeiten nicht vermeidbar, hilft ein Strohhalm, da mit ihm die Flüssigkeit so weit wie möglich an den Zähnen vorbeigeführt wird.

Stärken Sie die Zähne Ihres Kindes durch Nahrungsmittel, die viel Kalzium, Magnesium und andere Mineralstoffe enthalten. Ältere Kinder sollten Sie mit Zahnseide vertraut machen.

KOPFSCHMERZEN

Sollten die Kopfschmerzen bei Ihrem Kind stressbedingt sein, schlagen Sie unter Nervosität nach. Um einer Migräne vorzubeugen, helfen Lebensmittel mit einem hohen Anteil an Omega-3-Fettsäuren. Bei akuter Migräne hilft Ingwertee. Vermuten Sie eine Nahrungsmittelunverträglichkeit als Ursache, suchen Sie einen Arzt auf.

KRÄMPFE

Verschiedenen Krampfarten kann durch die Zufuhr von Vitamin B_6 und E, Kupfer (enthalten in Leber, Meeresfrüchten, Nüssen, Oliven, Bohnen, Erbsen und Vollkornprodukten), Magnesium und Selen vorgebeugt werden. Zuweilen ist eine Nahrungsmittelunverträglichkeit der Auslöser eines Krampfs, konsultieren Sie in dem Fall einen Arzt.

LAKTOSEINTOLERANZ

Bauchschmerzen, Blähungen und Durchfall können auf eine gestörte Laktose-(Milchzucker)-Verdauung hindeuten. Eine solche kann sich kurzzeitig nach einer Magen-Darm-Grippe ergeben; für einige ältere Kinder stellt die Verdauung von mehr als 300 ml Milch auf einmal allerdings ein permanentes Problem dar. Ihnen fehlt die Laktase, das für die Laktoseverdauung verantwortliche Enzym. Sollte Ihr Kind unter ständigem Durchfall leiden, besprechen Sie mit Ihrem Arzt, ob es nötig ist, seinen Milchkonsum einzuschränken. Bei Kindern mit einer nachgewiesenen Milchzuckerunverträglichkeit muss entweder der Genuss von Milch nach ärztlichen Vorgaben eingeschränkt werden oder die Milch vor dem Verzehr mit einem Laktase-Präparat (aus der Apotheke) versetzt werden. Joghurt vertragen Laktoseintoleranzpatienten oft gut, weil die darin enthaltenen Bakterien selbst Laktase produzieren.

MAGEN-DARM-GRIPPE (Gastroenteritis)

Bei Durchfall und Erbrechen benötigt der Körper reichlich Flüssigkeit in Form von Wasser, verdünnten Fruchtsäften, mildem Tee oder Gemüsebrühe. Halten die Symptome länger als einen Tag an, besorgen Sie isotonische Kochsalzlösung aus der Apotheke oder lösen Sie 1 gestrichenen Teelöffel Salz und 8 gestrichene Teelöffel Zucker in 1 Liter Wasser auf, um diese selbst herzustellen. Sobald Ihr Kind Nahrung wieder bei sich behalten kann, geben Sie ihm leicht Verdaubares, wie Vollkornreis, Bananen und Joghurt. Beachten Sie auch die Hinweise unter Infektionen. Suchen Sie sofort einen Arzt auf, wenn Ihr Kind keinerlei Flüssigkeit bei sich behält, ein Kleinkind seit mehr als 12 Stunden schweren oder mehr als 24 leichten Durchfall hat, ein Kind über 5 Jahre seit mehr als 48 Stunden schweren oder mehr als 72 leichten Durchfall hat oder der Stuhl Blut enthält.

MÜDIGKEIT

Bieten Sie bevorzugt Speisen an, die viel Vitamin B, C und E, Folsäure, Eisen, Magnesium, Kalium und Omega-3-Fettsäuren enthalten. Reduzieren Sie den Verzehr von Weißmehlprodukten zugunsten von Lebensmitteln mit einem niedrigen glykämischen Index (GI), die den Blutzuckerspiegel nur langsam ansteigen lassen. Dazu zählen proteinhaltige Speisen, Milchprodukte, Nüsse, Haferflocken, die meisten Gemüsesorten (außer Kartoffeln, dicke Bohnen und Bohnen aus der Dose) und zahlreiche Früchte (abgesehen von Bananen, Trauben, Ananas und Wassermelonen).
Kombinieren Sie Lebensmittel mit einem mittleren GI (Bohnen aus der Dose, Erbsen, Orangen, Plätzchen, Nudeln, Mais, Kartoffeln, Zucker und Schokolade) mit solchen, die einen niedrigen GI aufweisen, um einen steilen Anstieg des Blutzuckerspiegels zu verhindern. Produkte mit einem hohen GI (Bananen, Rosinen, Rote Bete, Dicke Bohnen, gekochte Karotten, Maisflocken, Weißbrot, Weizenflocken, Reis, Honig, fettarmes Speiseeis) sollten nur in geringen Mengen verzehrt werden – am besten mit Speisen, die einen niedrigen GI haben.

MUNDSCHLEIMHAUTGESCHWÜRE (Aphten)

Lehren Sie Ihr Kind, langsam zu essen. Geben Sie ihm keine süßen oder sauren Speisen und Getränke und verzichten Sie auf abgekochte Süßigkeiten, die mit den Farbstoffen E 100 – E 155 versetzt wurden. Aphten können auf eine Nahrungsmittelunverträglichkeit wie Zölikaie hindeuten. Beachten Sie die Hinweise unter Infektionen.

NAHRUNGSMITTELUNVERTRÄGLICHKEITEN

Sollten Sie bei Ihrem Kind eine Unverträglichkeit von gewissen Nahrungsmitteln vermuten, sollten sie unbedingt einen Arzt aufsuchen. Eine Form solcher Unverträglichkeiten ist die Lebensmittelallergie, die häufig bei Kindern auftritt, die erblich vorbelastet sind (S. 19). Stärken Sie das Immunsystem des Kindes mit Lebensmitteln die einen hohen Gehalt an Beta-Carotin, Vitamin C und E, Selen, Zink und Omega-3-Fettsäuren aufweisen; vgl. auch Allergie, Glutenunverträglichkeit und Laktoseintoleranz.

NERVOSITÄT

Wirkt Ihr Kind grundlos nervös oder ängstlich, dann sorgen sie dafür, dass es mehr Produkte mit viel Vitamin B, C und E, Kalzium, Magnesium, Omega-3-Fettsäuren und der Aminosäure Tryptophan verzehrt. Am schnellsten gelangt Tryptophan durch kohlenhydrathaltiger Lebensmittel wie Bananen ins Gehirn, wo es gebraucht wird. Verzichten Sie auf zu viel Fleisch und koffeinhaltige Getränke wie Tee und Cola. Halten Sie den Blutzuckerspiegel Ihres Kindes durch Nahrungsmittel mit einem niedrigem GI (s. Müdigkeit) konstant und vermeiden Sie zu lange Pausen zwischen den Mahlzeiten.

SCHLAFPROBLEME

Geben Sie Ihrem Kind die letzte Mahlzeit am frühen Abend. Es sollte ein leichtes, kohlenhydrathaltiges Gericht ohne Käse sein. Tee, Kakao und Cola sind nach 16 Uhr tabu. Bereiten Sie bevorzugt Produkte mit viel Vitamin B, Kalzium, Magnesium und Zink zu. Kopfsalat, Rosmarin und Thymian sind beliebte natürliche Schlafmittel.

SCHUPPENFLECHTE

Bevorzugen Sie Speisen mit einem hohen Gehalt an Folsäure, Selen, Zink und essenziellen Fettsäuren. Beugen Sie Entzündungen vor, indem Sie Olivenöl verwenden, servieren Sie viel fettreichen Fisch, wie die Kokosmakrele mit Süßkartoffeln (S. 82), und würzen Sie Gerichte mit Kurkuma. Sellerie, Zitrusfrüchte, Feigen, Petersilie, Pastinaken und Brunnenkresse sind ebenfalls hilfreich. Das darin enthaltene Psoralen fördern die heilende Wirkung des Sonnenlichts. Mitunter hilft es, den Fleischkonsum etwas einzuschränken, und manchmal ist eine Glutenunverträglichkeit (s. dort) der Auslöser.

TROCKENE HAUT

Reichen Sie mehr Nahrungsmittel mit einem hohen Gehalt an Vitamin C und E, Zink, Omega-3-Fettsäuren und vor allem Beta-Carotin. Letzteres findet sich vor allem in den Salbei-Kürbis-Gnocci (S. 74), den Herbstnudeln (S. 45) und der Frittata (S. 58).

VERDAUUNGSSTÖRUNGEN

Beugen Sie vor, indem sie hastig eingenommene Mahlzeiten vermeiden. Reichen Sie vor jeder Hauptmahlzeit einen kleinen Salat, dessen Ballaststoffe legen sich auf die empfindliche Magenwand und schützen sie so vor überschüssiger Säure. Sorgen Sie für reichlich Vitamin C, B und Zink in der Nahrung und greifen Sie öfter zu leicht bitteren Produkte wie Salat, Kohl, Brunnenkresse, Chicoree, Rüben und Rosmarin. Würzen Sie Fleisch und Fisch mit etwas Essig oder Zitronensaft, und halten Sie die Portionen klein. Zwingen Sie Ihr Kind nicht zu essen, und holen Sie ärztlichen Rat ein, falls Sie eine Nahrungsmittelunverträglichkeit vermuten. In akuten Fällen helfen Ananas, Papaya, Ingwer, Kamillen- oder Pfefferminztee.

VERHALTENSAUFFÄLLIGKEITEN

Eventuell können Nervosität und Müdigkeit zu Verhaltensauffälligkeiten führen (s. auch dort). Sorgen Sie für eine Kost mit reichlich Vitamin B und E, Kalzium, Magnesium und Zink, Omega-3-Fettsäuren und Tryptophan. Wichtig sind zudem eine ausgewogene Versorgung mit essenziellen Fettsäuren und der Verzicht auf zu viel tierisches Eiweiß. Bevorzugen Sie Vollkornprodukte, z. B. Haferflocken, wie im Großen Bärenfrühstück (S. 34). Manchmal kann auch eine Eisenmangelanämie oder eine Nahrungsmittelunverträglichkeit der Grund für Verhaltensauffälligkeiten sein; konsultieren Sie einen Arzt.

VERSTOPFUNG

Vermeiden Sie Verstopfung wenn irgend möglich, aber handeln Sie im Fall der Fälle rasch. Der Schmerz, der beim Ausscheiden der harten Substanz entsteht, könnte Ihr Kind den nächsten Toilettengang so lange wie möglich hinauszögern lassen, was alles noch viel schlimmer macht. Ermuntern Sie Ihr Kind, viel zu trinken; sein Urin sollte nur hellgelb sein. Geben Sie ihm viele ballaststoffreiche Gerichte wie Brodeln & Brutzeln (S. 59) und Bohnen-Variationen (S. 69). Verzichten Sie öfter auf Weißbrot zugunsten von Vollkornbrot und verzichten Sie bei Kleinkindern auf Produkte mit Kleiezusatz, wie z. B. Frühstücksflocken; sie sind sehr sättigend und können den Appetit zu früh hemmen.

WACHSTUMSSCHMERZEN

Eines von fünf Kindern im Alter von 4 bis 12 Jahren klagt manchmal über Krämpfe oder andere muskuläre Schmerzen, meist in den Beinen. Schuld daran ist häufig ein infolge starker Beanspruchung anschwellender Muskel. Beugen Sie diesen Schmerzen mithilfe von Speisen vor, die viel Kalzium, Magnesium, Kalium, Zink, Vitamin C und E sowie Omega-3-Fettsäuren enthalten.

Gutes am Morgen

Sie und Ihre Familie sollten frühstücken wie der sprichwörtliche Kaiser, denn eine gute, ausgewogene Mahlzeit am Morgen birgt viele Vorzüge: Sie kurbelt den Stoffwechsel an, liefert Energie für den ganzen Vormittag und versorgt die Zellen mit allen Nährstoffen, die sie benötigen, um ihre volle Leistung zu bringen.

OBST & JOGHURT

Viele Kinder lieben es, frisches, knackiges Obst in cremig-weichen Joghurt zu tauchen. Verwenden Sie für dieses Rezept auch einmal frische Erd- oder Himbeeren und bereiten Sie es unbedingt auch einmal mit frischer Ananas zu, wenn Sie genügend Zeit haben, sie anzurichten.

1–2 Äpfel oder Birnen
1 Orange
1 Mango
½ kleine Ananas (nach Belieben)
1–2 Bananen
475 g probiotischer Naturjoghurt
Vollrohrzucker zum Bestreuen (nach Belieben)

Äpfel oder Birnen vierteln und entkernen, falls gewünscht schälen und in Scheiben schneiden. Die Mango schälen, entsteinen und ebenfalls in Scheiben schneiden. Die Ananas schälen, in dünne Scheiben schneiden und den Strunk entfernen; anschließend längs halbieren. Die Bananen schälen und halbieren.

Das so vorbereitete Obst auf Teller verteilen und mit je einer kleinen Schale Joghurt servieren. Den Zucker, sofern verwendet, separat dazu reichen.

NÄHRWERTBONUS

• Die meisten handelsüblichen Joghurts enthalten aktive Bakterienkulturen. Die höchste Anzahl solcher Kulturen findet sich in so genannten probiotischen Joghurts. Wissenschaftliche Studien lassen vermuten, dass Joghurt mit mehr als einer Million aktiver Bakterien pro Gramm zahlreiche gesundheitsfördernde Effekte besitzt, so können sie z. B. Durchfall entgegenwirken.
• Viele Menschen mit einer Laktoseintoleranz (Milchzuckerunverträglichkeit) können Joghurt in begrenzten Mengen beschwerdefrei genießen.

• Geben Sie Kindern unter 2 Jahren Joghurt mit mindestens 3,5 % Fett. Kinder zwischen 2 und 5 Jahre können auch fettarmen Joghurt (1,5 % Fett) erhalten, Kinder über 5 Jahre auch Magerjoghurt (max. 0,5 % Fett).

VARIATIONEN FÜR SÄUGLINGE

4–6 Monate Den Joghurt weglassen. Apfel, Birne, Mango oder Ananas mit etwas Milch pürieren oder eine zerdrückte Banane mit etwas Milch verrühren.
6–12 Monate Nur ungesüßten Joghurt verwenden und den Zucker weglassen. Das Obst zusammen mit dem Joghurt mehr oder weniger fein pürieren. Wenn das Kind bereits kauen kann, die Größe der Obststreifen so bemessen, dass es sie problemlos greifen kann.

GROSSES BÄRENFRÜHSTÜCK

Eine Schale mit warmem Haferbrei ist ein äußerst gehaltvolles Frühstück. Mit frischem gedünsteten oder getrockneten Obst, ein wenig Honig oder Marmelade lässt es sich hervorragend verfeinern.

125 g Haferflocken
1,2 l Milch oder Wasser (s. Tipp)

zum Servieren
4 reife Bananen, in dünnen Scheiben, oder 75 g Rosinen oder 75 g getrocknete Datteln, gehackt, oder 250 g gedünstete Aprikosen
etwas Honig oder Aprikosen- oder Kirschmarmelade (nach Belieben)

Haferflocken mit Milch (oder Wasser) in einen Topf geben und aufkochen. Die Hitze reduzieren und die Mischung köcheln lassen, bis sie eindickt – je nachdem wie grob oder fein die Haferflocken sind, dauert dies 5–20 Minuten.

Den fertigen Brei auf Schüsseln verteilen. Für Kleinkinder Früchte, Honig oder Marmelade vor dem Servieren zufügen. Ältere Kinder und Erwachsene können sich am Tisch ihre eigene Mischung zubereiten.

NÄHRWERTBONUS

• Haferflocken enthalten Thiamin und andere B-Vitamine (die die Energiegewinnung, Konzentration und Sehkraft fördern), Kalzium (für gesunde Nerven, kräftige Knochen und Zähne) sowie Eisen (für den Sauerstofftransport im Blut).
• Haferbrei versorgt den Körper mit komplexen Kohlenhydraten, die nur langsam freigesetzt werden und somit für einen konstanten Blutzuckerspiegel sorgen, sowie mit vielen Ballaststoffen, die den Cholesterinspiegel senken.

VARIATIONEN FÜR SÄUGLINGE

4–6 Monate Nicht geeignet. Füttern Sie stattdessen eine mit ein wenig Milch gemischte, zerdrückte Banane oder pürierte gedünstete Aprikosen.
6–12 Monate Den Haferbrei mit Vollmilch zubereiten. Keinen Honig verwenden. Bananen gründlich zerdrücken, Rosinen, Datteln oder Aprikosen pürieren. Wenn Ihr Kind gröbere Breie verträgt, das Obst in kleine Stücke schneiden. Zähne und Zahnfleisch nach dem Essen gut putzen.

• Mit Milch zubereiteter Haferbrei wird süßer und sämiger, manche Kinder mögen ihn mit Wasser gekocht jedoch lieber. Für Kinder unter 2 Jahren sollte der Brei mit Vollmilch zubereitet werden, ansonsten kann auch fettarme Milch verwendet werden.

OMELETT AUS DER TASCHE

Ein mit einem Gemüseomelett gefülltes Pita-Brot ist ein wirklich kräftigendes Frühstück. Zum Verzehr benötigt man weder Messer noch Gabel – das fertige Gericht kann einfach auf die Hand genommen werden. Das weiche, saftige Omelett bildet einen hervorragenden Kontrast zu dem festeren Pita-Teig. Die Verwendung verschiedener Gemüsesorten verspricht Abwechslung. Für die Zubereitung ist eine backofenfeste Pfanne erforderlich.

- 1 EL Raps-, Oliven- oder Walnussöl
- 2 Karotten, gerieben, oder 4 Tomaten, gehackt, oder 125 g Kohl, Spinat oder Pak Choi, gehackt
- 6 Eier
- 4 Pita-Brote
- Salz (nach Belieben) und schwarzer Pfeffer
- selbst gemachtes Tomatenketchup (S. 36) zum Servieren

Das Öl in einer großen Pfanne erhitzen und das Gemüse darin 2–3 Minuten weich dünsten.

Die Eier in einer Schüssel aufschlagen. Salz (wenn verwendet) und Pfeffer zufügen und alles mit einer Gabel verquirlen.

Die Eimasse zum Gemüse in die Pfanne geben und mit einem Holzlöffel unterrühren. Das Omelett ohne zu rühren braten, bis es stockt, dabei die Eimasse immer wieder vom Pfannenboden lösen und noch flüssiges Ei durch Schräghalten der Pfanne nach unten laufen lassen. Das fertige Omelett kurz unter den heißen Backofengrill stellen, bis die Oberseite leicht gebräunt ist.

Die Pita-Brote unter dem Grill oder im Toaster kurz erwärmen und mit einem scharfen Messer tiefe Taschen einschneiden.

Das Omelett in Spalten schneiden, die Spalten locker aufrollen und je eine davon in eine Pita-Tasche füllen. Die fertigen Gemüsetaschen warm oder kalt nach Belieben mit selbst gemachtem Tomateketchup servieren.

NÄHRWERTBONUS

- Hiermit begeistern Sie selbst Gemüsemuffel für nahrhaftes Grünzeug.
- Das Chlorophyll der Blattgemüsessorten, die hier verwendet werden können, liefert viel Magnesium, das für starke Knochen und Zähne sorgt.

VARIATIONEN FÜR SÄUGLINGE

Das Salz weglassen. Ältere können am Tisch nachsalzen.

4–6 Monate Nicht geeignet. Dämpfen oder dünsten Sie stattdessen ein paar Karotten und pürieren Sie sie mit etwas Milch oder Sud.

6–9 Monate Das fertige Gericht mit etwas Milch oder Wasser pürieren. Wenn das Kind bereits kauen kann, die Taschen in mundgerechte Stücke schneiden und vor dem Verzehr kurz in etwas Milch oder Wasser einweichen. Einige Babys nehmen die kleinen Stücke auch gern schon in die Hand.

9–12 Monate Die Taschen in kleine Stücke schneiden und dem Kind zum Essen in die Hand geben.

- Kleine Pita-Brote gibt es mittlerweile auch in vielen Supermärkten. Alternativ können Sie auch große Brote verwenden und sie vor dem Füllen halbieren.
- Einen etwas kräftigeren Geschmack erhält das Omelett, wenn Sie es vor dem Grillen mit 25–50 g geriebenem Käse bestreuen.

4 Eier
1 EL Raps-, Oliven- oder Walnussöl
4 Scheiben Vollkornbrot, geviertelt
Salz (nach Belieben) und schwarzer Pfeffer

zum Servieren
gegrillte Tomaten oder Tomatenketchup (s. u.), für herzhafte Arme Ritter
Honig oder Marmelade, für süße Arme Ritter

• Wenn Ihre Kinder kein Vollkornbrot mögen, nehmen Sie Graubrot oder mit Körnern versetztes Brot aus Weißmehl. Fügen Sie der Eimasse in diesem Fall etwas mehr Pfeffer oder eine Prise getrockneten Oregano hinzu, um einen etwas kräftigeren Geschmack zu erhalten.

ARME RITTER

Die in Ei getränkten, gebratenen Brote sind bei Kindern jeden Alters beliebt. Ob süß oder herzhaft – mit ihnen beginnt der Tag nahrhaft und gesund.

Die Eier mit etwas Salz (falls verwendet) und Pfeffer in einer flachen Schale gut verquirlen.

Das Öl in einer großen beschichteten Pfanne erhitzen. Die Brotviertel in der Eimasse wenden und damit voll saugen lassen, dann in die Pfanne geben. Eventuell Eireste zugießen und die Brote so lange braten, bis sie von unten leicht gebräunt sind.

Die Brote wenden und von der zweiten Seite ebenfalls goldbraun braten, dann aus der Pfanne nehmen und auf Küchenpapier abtropfen lassen.

Die Armen Ritter heiß oder warm servieren, entweder herzhaft mit gegrillten Tomaten oder selbst gemachten Ketchup (s. u.) oder aber süß mit Honig oder Marmelade.

NÄHRWERTBONUS

• Das Öl und die Eier versorgen den Körper mit essenziellen Omega-3-Fettsäuren, die helfen, Infektionen, Allergien und Entzündungen vorzubeugen.

VARIATIONEN FÜR SÄUGLINGE

Salz und Honig weglassen. Ältere Kinder und Erwachsene können am Tisch nachsalzen oder die Brote mit Honig beträufeln.

4–6 Monate Nicht geeignet. Für alternative Beikost vgl. S. 16–19.

6–9 Monate Die fertigen Armen Ritter mit etwas Milch oder Wasser pürieren. Sobald das Kind kauen kann, die Brote in mundgerechte Stücke schneiden und vor dem Verzehr kurz in etwas Milch oder Wasser einweichen.

9–12 Monate Die Brote klein schneiden oder dem Kind zum Essen in die Hand geben.

SELBST GEMACHTES TOMATENKETCHUP

8 Tomaten hacken und mit 2 TL Tomatenmark, 2 EL Wasser, ½–1 zerdrückten Knoblauchzehe ½–1 TL frisch gezupftem (oder 1 Prise getrocknetem) Basilikum und 1 Prise schwarzem Pfeffer in einen Topf geben. 5 Minuten unter Rühren kochen, dann abkühlen lassen und glatt pürieren. Abschließend durch ein Sieb streichen, um Kerne und Schalenreste zu entfernen. Das fertige Ketchup in ein Schraubglas füllen und bis zu 3 Tage im Kühlschrank aufbewahren oder in einer Eiswürfelschale tiefkühlen und bei Bedarf portionsweise entnehmen.

MINI-PFANNKUCHEN

Diese köstlichen kleinen Pfannkuchen sind außerordentlich schnell und leicht gemacht und schmecken definitiv nach mehr, vor allem mit dem feinsäuerlich-fruchtigen Heidelbeer-Joghurt-Belag. Den Teig bereiten Sie entweder direkt nach dem Aufstehen vor oder noch am Abend zuvor, wobei Sie ihn dann über Nacht im Kühlschrank aufbewahren.

250 g Mehl
1 TL Natron
2 TL Weinstein
1 EL Zucker
2 Eier
1 TL Sonnenblumen- oder Maiskeimöl
300 ml Milch
Butter zum Braten

Belag (nach Belieben)
75 g Heidelbeeren
2 EL Wasser
75 g Naturjoghurt

Mehl, Natron, Weinstein und Zucker in einer Schüssel mischen und eine Vertiefung in die Mitte drücken. Eier, Öl und die Hälfte der Milch hineingeben und nach und nach mit den trockenen Zutaten vermengen. Schließlich die restliche Milch zufügen und alles zu einem glatten Teig verarbeiten.

Für den Belag die Heidelbeeren (falls verwendet) mit dem Wasser 2–3 Minuten in einem kleinen Topf weich dünsten.

Einen kleinen Stich Butter in einer großen beschichteten Pfanne zerlassen. Die Pfannkuchen darin portionsweise zubereiten. Dazu je einen großen Löffel Teig in ausreichendem Abstand voneinander in die Pfanne gleiten lassen, so dass sich kleine Kreise bilden. Diese 2–3 Minuten braten, bis sie von unten leicht gebräunt sind. Anschließend wenden und 1–2 Minuten weiterbraten, bis auch die andere Seite goldbraun geworden ist. Die fertigen Pfannkuchen in einem Küchentuch warm halten, während der restliche Teig verarbeitet wird.

Die Pfannkuchen noch warm servieren, entweder pur oder mit je einem Löffel Joghurt und Heidelbeerkompott.

NÄHRWERTBONUS

• Ein hervorragender Kalziumlieferant für Kinder, die nicht gerne Milch trinken.
• Der Heidelbeerbelag deckt bereits eine der vorgesehenen 5 Portionen Obst und Gemüse ab.

VARIATIONEN FÜR SÄUGLINGE

Das Natron weglassen; dies führt zu einer etwas anderen Konsistenz, ändert aber nichts am Geschmack. Zahnfleisch und Zähne des Kindes nach dem Essen gründlich putzen.

4–6 Monate Nicht geeignet. Pürieren Sie stattdessen eine Handvoll Heidelbeeren mit etwas Milch.

6–9 Monate Pfannkuchen und Belag pürieren oder, sobald das Kind kauen kann, klein schneiden und vor dem Verzehr kurz in etwas Milch oder Wasser einweichen.

9–12 Monate Die Pfannkuchen klein schneiden und dem Kind zum Essen in die Hand geben.

• Für Kinder unter 2 Jahren Vollmilch verwenden, für ältere Kinder reicht fettarme Milch aus.
• Einen etwas anderen Geschmack erhalten die Pfannkuchen, wenn man die Milch durch Buttermilch ersetzt. Den Weinstein in diesem Fall auf 1 Teelöffel reduzieren.
• Wer weder Natron noch Weinstein im Haus hat, kann diese durch insgesamt 2½ Teelöffel Backpulver ersetzen.

Nudeln & Pizzen

Nudel- und Pizzagerichte sind bei Kindern jeden Alters beliebt. Allein schon wegen der vielen erhältlichen Formen, Größen und Farben werden Nudeln niemals langweilig, dass sie satt machen und schmecken ist ohnehin garantiert. Ähnlich vielfältig variierbar sind Pizzen.

BUNTE NUDELSPIRALEN

Die farbenfrohe Kombination aus Hähnchenbrust, Brokkoli und Nudeln spricht Erwachsene wie Kinder gleichermaßen an. Die Kokosmilch verleiht dem Ganzen einen leicht süßlichen Geschmack.

250–375 g Fussili oder Spirelli
500 g Brokkoliröschen
1 EL Raps- oder Maiskeimöl
1 Schalotte oder kleine Zwiebel, gehackt
1 Knoblauchzehe, gehackt
1 kleine Prise Chilipulver (nach Belieben)
250 g gekochtes Hähnchenbrustfilet, in mundgerechten Stücken
4 EL Crème fraîche
½–1 TL Dijon-Senf (nach Belieben)
50 g Creamed Coconut, gerieben
frisch gemahlener schwarzer Pfeffer
Tomatensalat zum Servieren (nach Belieben)

- Wenn keine Säuglinge mitessen und Ihre Familie pikante Speisen mag, nehmen Sie ½ Teelöffel Chilipulver und 2 Teelöffel Dijon-Senf.
- Bereiten Sie das Essen auch für Säuglinge zu, geben Sie den Senf erst an das Gericht, nachdem Sie eine Portion für das Baby entnommen haben. Auf Chilipulver sollten Sie dann allerdings verzichten, da dieses mitgekocht werden muss.

Die Nudeln etwa 10 Minuten in kochendem Wasser bissfest garen. Den Brokkoli in einen Dämpfeinsatz geben und über dem Dampf des Nudelwassers oder in einem separaten Topf ebenfalls 10 Minuten gerade weich garen.

Unterdessen das Öl in einer großen Pfanne erhitzen. Die Zwiebel darin etwa 5 Minuten dünsten, bis sie leicht gebräunt ist. Knoblauch und (eventuell) Chilipulver zufügen und alles 1 weitere Minute braten. Dann Hähnchenbrustfilet, Crème fraîche, Senf (nach Belieben), Creamed Coconut und Pfeffer einrühren und alles unter Rühren erhitzen.

Die Nudeln abgießen und mit der Sauce vermengen. Die Brokkoliröschen zufügen und vorsichtig unterheben. Das fertige Gericht in eine Servierschüssel füllen und nach Belieben einen Tomatensalat dazu reichen.

NÄHRWERTBONUS

- Brokkoli ist eine gute Quelle für Vitamin C, Eisen und Karotine, antioxitativ wirkende Pflanzenfarbstoffe; zudem enthält er so genannte Senfölglykoside, welche die Krebsvorbeugung unterstützen.
- Komplexe Kohlenhydrate in den Nudeln halten den Blutzuckerspiegel stabil und verhindern einen Energieeinbruch bis zu 2 Stunden nach dem Essen.

VARIATIONEN FÜR SÄUGLINGE

4–6 Monate Nicht geeignet. Füttern Sie stattdessen etwas leicht gedämpften, mit ein wenig Milch pürierten Brokkoli.
6–12 Monate Chilipulver und Senf weglassen. Die Nudeln mit etwas Sauce pürieren oder – sobald Ihr Kind kauen kann – in kleine Stücke schneiden.

MINESTRONE

Mit ein paar Scheiben knusprigem Vollkornbrot serviert ergibt diese überaus köstliche, aromatische Suppe ein vollwertiges Hauptgericht. Die Minestrone kombiniert die drei beliebtesten Zutaten der italienischen Küche: Nudeln, Gemüse und Olivenöl. Suppennudeln sind in den verschiedensten Formen erhältlich, und gerade Buchstaben, Zahlen, Raumschiffe, Dinosaurier oder andere Tiere erfreuen sich bei Kleinkindern größter Beliebtheit.

1 EL Olivenöl
1 Porreestange oder Zwiebel, fein gehackt
1 Knoblauchzehe, zerdrückt
2 Karotten, fein gehackt
1 Selleriestange, fein gehackt
750 ml Wasser
50 g Suppennudeln
125 g Wirsing, Rosenkohl oder anderes grünes Blattgemüse, in feinen Streifen
425 g gehackte Tomaten aus der Dose
425 g Flageolet- oder Cannellini-Bohnen aus der Dose
Salz (nach Belieben) und schwarzer Pfeffer
4 TL frisch gehackter Oregano oder frisch gezupftes Basilikum
1 Spritzer Zitronensaft (nach Belieben)
knuspriges Vollkornbrot zum Servieren

Das Öl in einem großen Topf erhitzen. Porree oder Zwiebel, Knoblauch, Karotten und Sellerie zufügen und 4 Minuten dünsten. Das Wasser zugießen und aufkochen. Dann die Nudeln einrühren und alles abgedeckt 5 Minuten köcheln lassen.

Kohl oder Blattgemüse in den Topf geben und alles weitere 4 Minuten garen. Tomaten und Bohnen einrühren, Salz (sofern verwendet) und Pfeffer zufügen, Oregano oder Basilikum einstreuen und nach Belieben mit Zitronensaft verfeinern.

Die fertige Suppe noch 2 Minuten gründlich durcherhitzen, dann auf Suppenschalen verteilen und mit knusprigem Brot servieren.

NÄHRWERTBONUS

• Eine Schale Minestrone deckt bereits eine der 5 täglich empfohlenen Obst- und Gemüseportionen ab.
• Bohnen und Nudeln liefern komplexe Kohlenhydrate, die ihre Energie nur langsam freisetzen und damit Kindern wie Erwachsenen ausreichend Zeit lassen, ihre Depots wiederaufzufüllen.

VARIATIONEN FÜR SÄUGLINGE

4–6 Monate Nicht geeignet. Dämpfen oder kochen Sie stattdessen eine Karotte und pürieren Sie diese anschließend mit etwas Milch.
6–12 Monate Nudeln und Gemüse pürieren, bis das Kind kauen kann. Falls die Bohnen unangenehme Blähungen verursachen, können sie beim nächsten Mal weggelassen und durch etwas geriebenen Käse ersetzt werden.

FRÜHLINGSNUDELN

Die ersten kulinarischen Frühlingsboten sind zarte Karotten mit ihrem fedrigen Grün und frische, kräftige Spargelstangen. Junges Gemüse wie dieses darf nur kurz und schonend gegart werden. Zusammen mit Nudeln in einer cremigen Sauce schmeckt es einfach fantastisch.

300 g Nudeln
200 g dicke Bohnen, frisch oder tiefgekühlt
200 g junge Karotten
150 g Spargel, halbiert
2 Eigelb
6 EL Schlagsahne
50 g Parmesan oder Gouda, gerieben

Die Nudeln etwa 10 Minuten in kochendem Wasser bissfest garen.

Unterdessen Bohnen und Karotten 5 Minuten über kochendem Wasser dämpfen. Dann den Spargel zufügen und alles weitere 2–3 Minuten dämpfen, bis das Gemüse gar ist.

Eigelb und Sahne in einer Schüssel verquirlen, dann die Hälfte des Käses unterrühren.

Die Nudeln abgießen; dabei 2 Esslöffel Sud im Topf zurückbehalten. Die abgegossenen Nudeln in den Topf zurückgeben. Gemüse und Eimischung zufügen und alles 1 Minute sanft erhitzen, bis die Sauce andickt; nicht zu heiß werden lassen, da die Sauce sonst gerinnt.

Das fertige Gericht auf Teller verteilen und mit dem restlichen Käse bestreuen.

NÄHRWERTBONUS

- Das Beta-carotinreiche Gericht fördert die Sehkraft und eine gesunde Haut.
- Dicke Bohnen liefern wertvolle komplexe Kohlenhydrate, die für einen ausgewogenen Energiehaushalt sorgen.
- Eigelb ist ein hervorragender Eisenlieferant.

VARIATIONEN FÜR SÄUGLINGE

4–6 Monate Nicht geeignet. Füttern Sie stattdessen etwas gedämpften und pürierten Spargel oder gedämpfte und pürierte Karotte.

6–12 Monate Das Gericht pürieren, bis Ihr Kind Nudeln und Gemüse kauen kann (etwa mit 8–9 Monaten); danach in mundgerechte Stücke schneiden.

PRINZESSNUDELN

Erbsen und Speck ergänzen sich geschmacklich hervorragend. In Kombination mit Nudeln, Pesto und frischen Kräutern erhalten Sie ein leichtes, preiswertes Gericht, das jede Prinzessin begeistern wird.

375–425 g Vollkorn- oder Weißmehl-Farfalle
1 EL Sonnenblumen- oder Maiskeimöl
4–6 dünne Scheiben magerer Frühstückspeck, fein gewürfelt
2 Zwiebeln, gehackt
2 Knoblauchzehen, zerdrückt
375 g tiefgekühlte Erbsen
50 g Pesto, vorzugsweise selbst gemacht (s. Tipp)
125 g Naturjoghurt
schwarzer Pfeffer
frisch gehackte Petersilie oder frisch gezupftes Basilikum, zum Garnieren (nach Belieben)

zum Servieren (nach Belieben)
2 rote Paprika, geviertelt
1 gelbe Paprika, geviertelt
1 orange Paprika, geviertelt
Olivenöl zum Bestreichen

- Für selbst gemachten Pesto ohne Salz 1 Handvoll frische Basilikumblätter mit 1 großen Knoblauchzehe, 50 g Pininenkernen, 75 ml Olivenöl und 25 g Parmesan (für Säuglinge Gouda) im Mixer fein hacken.
- Pesto-Reste sind in einem Schraubglas bis zu 3 Tage im Kühlschrank haltbar.

Die Nudeln etwa 10 Minuten in kochendem Wasser bissfest garen.

Das Öl in einer großen Pfanne erhitzen. Den Speck darin 4–5 Minuten goldbraun braten. Mit einem Schaumlöffel aus der Pfanne heben und beiseite stellen. Nun die Zwiebeln in die Pfanne geben und 4–5 Minuten weich dünsten, aber nicht bräunen. Den Knoblauch zufügen und 1 Minute mitdünsten.

Die Erbsen zufügen und unter Rühren dünsten, bis sie weich und heiß geworden sind. Dann Pesto, Joghurt und Pfeffer einrühren und alles gründlich durcherhitzen.

Die Nudeln abgießen, in den Topf zurückgeben und die Sauce mit dem Speck zufügen. Alles gut vermengen, auf Teller verteilen und vor dem Servieren nach Belieben mit Petersilie oder Basilikum bestreuen.

Als Beilage schmecken geröstete Paprika gut. Die vorbereiteten Gemüseviertel in einen flachen Bräter geben, mit etwas Olivenöl bestreichen und etwa 45 Minuten in einem auf 190 °C vorgeheizten Backofen rösten, bis sie leicht gebräunt sind.

NÄHRWERTBONUS

- Vollkornnudeln enthalten mehr Ballaststoffe als Nudeln aus Weißmehl. Sie beugen damit Verstopfung sowie verschiedenen Darmerkrankungen vor und tragen zur Senkung des Cholesterinspiegels bei.
- Erbsen enthalten Phytohormone, die unseren eigenen Hormonhaushalt positiv beeinflussen können.

VARIATIONEN FÜR SÄUGLINGE

4–6 Monate Nicht geeignet. Für alternative Beikost vgl. S. 16–19.
6–12 Monate Speck und Fertig-Pesto weglassen (selbst gemachter Pesto kann verwendet werden) und das Gericht mit etwas Sauce oder Milch pürieren. Sobald Ihr Baby kauen kann, die Nudeln in mundgerechte Stücke schneiden.

SOMMERNUDELN

Frische grüne Erbsen und Zucchini, rosa Garnelen und gelber Babymais – die bunte Sauce ist ein wahrer Augenschmaus für Kinderaugen. Wer mag kann zusätzlich einen kleinen Tomatensalat als Beilage reichen, aber auch ohne diesen sind die Sommernudeln eine vollwertige Mahlzeit.

250 g Orecchiette
125 g Babymais, halbiert
150 g frisch gepalte Erbsen
2 EL Olivenöl
200 g kleine Zucchini, in Scheiben
125 g Mascarpone
150 g gekochte Garnelen, ausgelöst, Tiefkühlware aufgetaut
2–4 EL frische Schnittlauchröllchen (nach Belieben)

Die Nudeln etwa 10 Minuten in kochendem Wasser bissfest garen.

Unterdessen Babymais und Erbsen 5 Minuten über kochendem Wasser dämpfen.

Das Öl in einer großen Pfanne erhitzen. Die Zucchinischeiben darin 3 Minuten rundum goldbraun anbraten. Den Mascarpone zufügen und schmelzen lassen, dann die Garnelen einrühren und alles gut durcherhitzen.

Die Nudeln locker abgießen und in den Topf zurückgeben. Sauce, Gemüse und nach Belieben Schnittlauch zufügen und gut unterheben. Dann das fertige Gericht noch einmal 1 Minute erwärmen, anschließend sofort servieren.

NÄHRWERTBONUS

• Nudeln und Erbsen liefern langanhaltende Energie, die nicht abrupt absinkt.
• Garnelen, Erbsen und Käse sind reich an Kalzium und sorgen damit für feste Knochen und Zähne sowie ein gesundes Nervensystem.

VARIATIONEN FÜR SÄUGLINGE

4-6 Monate Nicht geeignet. Füttern Sie stattdessen einen Brei aus leicht gedämpften Zucchini, eventuell gemischt mit ein paar Erbsen, wenn Ihr Kind bereits kombinierte Speisen erhält.
6-12 Monate Das Gericht pürieren, bis das Kind kauen kann. Babymais und Garnelen haben eine recht feste Konsistenz, selbst kleingeschnitten kann Ihr Kind sie daher erst kauen, wenn es etwa 10 Monate alt ist.
Hinweis Garnelen lösen häufig Lebensmittelallergien aus. Falls Ihr Kind sie noch nicht gegessen hat, sorgen Sie dafür, dass sie das einzige neue Nahrungsmittel in diesem Gericht sind, und achten Sie in den nächsten 24–48 Stunden auf eventuelle allergische Symptome (z. B. Ausschlag). Treten solche auf, sollten Sie unbedingt mit einem Arzt darüber sprechen.

• Wenn Ihre Kinder keine Garnelen mögen, nehmen Sie stattdessen Schinken.
• Die Schnittlauchröllchen können auch erst bei Tisch über die einzelnen Portionen gestreut werden. So kann jeder selbst entscheiden, ob er sie haben möchte oder nicht.

HERBSTNUDELN

Der Kürbis verleiht diesem Gericht die herbsttypische goldgelbe Farbe. Die Schale reifer Kürbisse ist oft erstaunlich fest, passen Sie daher auf, dass Sie sich beim Schälen nicht verletzten. Oft lässt sich die Schale leichter entfernen, wenn man den Kürbis zuvor längs halbiert.

375–425 g Penne
25 g Butter
2 EL Raps-, Oliven- oder Walnussöl
500 g Kürbis, in 1 cm großen Würfeln
300 g frischer Spinat, grob gezupft
2 EL frisch gezupfter Salbei
1 TL frisch geriebener Muskat
200 g Mais aus der Dose (vorzugsweise ungesalzen und ungesüßt), abgetropft
Salz (nach Belieben) und schwarzer Pfeffer

Die Nudeln etwa 10 Minuten in kochendem Wasser bissfest garen.

Unterdessen die Butter mit dem Öl in einer großen Pfanne zerlassen. Den Kürbis darin etwa 6 Minuten dünsten, bis er weich und leicht gebräunt ist.

Spinat, Salbei, Muskat, etwas Salz (sofern verwendet) und Pfeffer zufügen und alles weitere 3 Minuten unter Rühren dünsten. Dann den Mais einrühren und gut erhitzen.

Die Nudeln abgießen, mit der Sauce vermengen und das fertige Gericht sofort servieren.

NÄHRWERTBONUS

• Das Fruchtfleisch orange-gelber Kürbissorten ist reich an Beta-Carotin, eine Vorstufe von Vitamin A mit antioxidativer Wirkung. Und auch Spinat enthält reichlich Beta-Carotin.
• Salbei ist ein wahres Nährstoffpaket. Unter anderem enthält er Thujon, ein Pflanzenantiseptikum, das hilft, Infektionen vorzubeugen.

VARIATIONEN FÜR SÄUGLINGE

4–6 Monate Nicht geeignet. Füttern Sie stattdessen gedämpften, pürierten Kürbis, mit etwas Milch, Wasser oder Gemüsebrühe gemischt.
6–12 Monate Das Salz weglassen. Falls kein ungesalzener und ungesüßter Mais aus der Dose erhältlich ist, Tiefkühlware verwenden. Die Nudeln mit etwas Sauce pürieren, solange das Kind noch nicht kauen kann, andernfalls in mundgerechte Stücke schneiden.

• Im Handel sind verschiedene Kürbissorten erhältlich. Am besten eigenen sich für dieses Gericht die verschiedenen Sorten des Moschuskürbis, etwa der Muskat- oder der Birnenkürbis.

RIESENGROSSER NUDELTURM

Für dieses Gericht wird Fleischsauce in einem Berg aus gekochten Bucatini oder Tagliatelle versteckt, auf diese Weise erhält ein beliebter, nahrhafter Klassiker ein neues, kinderfreundliches Gewand. Weil die kleinen Röhrchen Saucen gut aufnehmen, sind Bucatini bei Kindern sehr beliebt.

1 EL Sonnenblumen-, Raps- oder Olivenöl, plus etwas mehr für die Nudeln
1 Zwiebel, gehackt
1 Selleriestange, fein gehackt
375 g mageres Rinderhack
2 TL Tomatenmark
1 EL frisch gehackte gemischte Kräuter oder 1 TL getrocknete
1 Prise Muskat
150 ml selbst gemachte Gemüsebrühe (S. 51) oder Wasser, bei Bedarf mehr
375 g Champignons, gehackt
250 g Bucatini (lange Makkaroni) oder Tagliatelle
schwarzer Pfeffer

zum Servieren (nach Belieben)
Rohkoststreifen, gedünsteter Kohl oder selbst gemachter Tomatenketchup (S. 36)

• Sorgen Sie für Abwechslung, indem Sie für die Füllung statt Rindfleisch durch den Wolf gedrehtes Geflügel verwenden oder die Bohnen-Variationen (S. 69) bzw. eine Mischung aus gedämpftem Reis und Brokkoliröschen.

Das Öl in einer großen Pfanne erhitzen. Zwiebel und Sellerie darin 10 Minuten weich dünsten. Das Hackfleisch zufügen und unter Rühen anbraten, bis es braun wird. Dann Tomatenmark, Kräuter, Muskat, Brühe und etwas Pfeffer einrühren. Die Pfanne abdecken und alles 20–25 köcheln lassen; falls die Mischung unterdessen trocken kocht, etwas mehr Brühe zugießen. Schließlich die Pilze zufügen und 5 Minuten mitkochen, bis sie weich sind.

Inzwischen die Nudeln mit etwas Öl in kochendem Wasser garen – Tagliatelle bis sie bissfest sind, Bucatini etwas länger, damit sie sich besser formen lassen. Anschließend gründlich abgießen.

Bei der Verwendung von Bucatini auf jeden Portionsteller einen Löffel Fleischsauce geben und zu einem kleinen Hügel formen. Eine Nudel zur Hand nehmen und von unten aus um den Fleischhügel wickeln; dabei die Nudel in Abständen von etwa 1 Zentimeter einschneiden, damit sie in Form bleibt. Mit weiteren Nudeln fortfahren, bis die Spitze des Fleischhügels erreicht ist.

Bei der Verwendung von Tagliatelle auf jedem Teller ein Nudelnest anrichten und die Sauce hineinfüllen.

Das fertige Gericht sofort servieren. Nach Belieben kann man eine Beilage dazu reichen.

NÄHRWERTBONUS

• Auf ungewohnte, aber außerordentlich reizvolle Weise werden Kindern mit diesem Gericht zahlreiche wertvolle Nährstoffe angeboten.
• Nudeln sind gerade für aktive Kinder besonders gut geeignet, da ihre komplexen Kohlenhydrate die enthaltene Energie langsam freisetzen und den Blutzuckerspiegel lange konstant halten.

VARIATIONEN FÜR SÄUGLINGE

4–6 Monate Nicht geeignet. Füttern Sie stattdessen gedämpfte und pürierte, mit etwas Milch verrührte Karotte.
6–12 Monate Das Gericht mit Milch oder Wasser pürieren oder, sobald das Kind kauen kann, in mundgerechte Stücke schneiden. Auf Ketchup verzichten, es sei denn es ist selbst gemachter.

WINTERNUDELN

Falls die Kombination von Nudeln mit Wurzelgemüse neu für Sie ist, werden Sie von diesem wunderbar wärmenden Wintergericht mit Sicherheit positiv überrascht sein. Der leicht süße Geschmack von Pastinaken und Rüben kommt durch die Zugabe von Speck besonders gut zur Geltung. Ein Hauch Knoblauch und etwas Petersilie runden den Geschmack ab.

375 g Knollensellerie oder Kürbis
250 g kleine Pastinaken
300 g Steckrüben oder weiße Rüben
2 EL Olivenöl
1 Zwiebel, fein gehackt
3 dünne Scheiben magerer Frühstücksspeck, gehackt
1 Knoblauchzehe, zerdrückt
425 g gehackte Tomaten aus der Dose
150 ml selbst gemachte Hühner- (S. 84) oder Gemüsebrühe (S. 51)
1 EL flüssiger Honig (nach Belieben)
3 EL frisch gehackte glatte Petersilie (nach Belieben)
200 g Nudeln

zum Servieren
geriebener Parmesan
gedämpfter Spinat, Brokkoli oder Rosenkohl (nach Belieben)

• Falls Ihre Familie Knoblauch mag, erhöhen Sie die Menge der verwendeten Zehen auf 2–3 Stück.

Sellerie, Pastinaken und Rüben schälen und in Würfel schneiden; wird Kürbis verwendet, diesen in Spalten schneiden, entkernen, die Schale entfernen und das Fruchtfleisch würfeln.

Das Öl in einem Topf erhitzen. Zwiebel und Speck darin etwa 3 Minuten braten, bis sie gerade braun werden. Knoblauch, Tomaten, Brühe, Honig (falls verwendet), Gemüse und Petersilie zufügen. Alles aufkochen, dann die Hitze reduzieren, den Topf abdecken und die Mischung 15 Minuten köcheln lassen, bis das Gemüse gar ist.

Unterdessen die Nudeln etwa 10 Minuten in kochendem Wasser bissfest garen.

Die Nudeln abgießen, zur Sauce geben und alles gut miteinander mischen. Das fertige Gericht mit Käse bestreuen und nach Belieben mit gedämpftem Gemüse servieren.

NÄHRWERTBONUS

• Mit diesem Gericht erhält jeder zwei der täglich empfohlenen Portionen stärkehaltiger Kohlenhydrate.
• Das wenige Eiweiß und die vielen Kohlenhydrate sorgen für eine gute Nachtruhe und machen dieses Gericht zu einem idealen Abendessen.

VARIATIONEN FÜR SÄUGLINGE

4–6 Monate Nicht geeignet. Füttern Sie stattdessen einen Brei aus gedämpftem Wurzelgemüse.
6–12 Monate Verwenden Sie nur ungesalzene Tomaten im eigenen Saft. Honig und Speck weglassen. Nudeln und Sauce zunächst pürieren; sobald das Kind kauen kann, in mundgerechte Stücke schneiden.

THUNFISCH-NUDEL-AUFLAUF

Fast jeder liebt dieses herzhafte Nudelgericht aus Neptuns Reich. Wer mag, kann statt des Thunfischs allerdings auch einmal Tofu verwenden. Beide Nahrungsmittel enthalten viele wertvolle Nährstoffe und werden von Kindern jeden Alters sehr gerne gegessen.

250 g Orecchiette
2 EL Olivenöl
1 kleine Zwiebel, fein gehackt
2 rote Paprika, gewürfelt
1 Knoblauchzehe, zerdrückt
150 g Kirschtomaten, halbiert
15 g Butter
50 g frische Vollkornsemmelbrösel
425 g Thunfisch aus der Dose, in Öl oder Wasser, abgetropft und auseinander gezupft
125 g Mozzarella oder Gruyère, gerieben

zum Servieren
gedämpfter Brokkoli oder grüne Bohnen
gedämpfte Karotten

Die Nudeln etwa 10 Minuten in kochendem Wasser bissfest garen.

Unterdessen das Öl in einer großen Pfanne erhitzen. Die Zwiebel darin 2 Minuten dünsten. Dann Paprika und Knoblauch zufügen und alles unter Rühren weitere 5 Minuten dünsten. Zuletzt die Tomaten einrühren und 1 Minute mitgaren.

Die Butter in einem kleinen Topf zerlassen. Die Semmelbrösel zufügen und gründlich darin wenden.

Die Nudeln abgießen und in den Topf zurückgeben. Paprikamischung und Thunfisch zufügen. Alles leicht vermengen und in eine Auflaufform füllen.

Die Nudeln mit Käse bestreuen, die Semmelbrösel obenauf geben und das Gericht 3–5 Minuten unter einem vorgeheizten Backofengrill gratinieren, bis die Semmelbrösel goldbraun geworden sind.

Den fertigen Auflauf mit gedämpftem Gemüse servieren.

NÄHRWERTBONUS

- Thunfisch enthält Omega-3-Fettsäuren, die zur Gesundherhaltung von Haut, Blut und Nerven beitragen und den Hormonhaushalt regulieren helfen, was gerade bei Kindern im Wachstumsalter besonders wichtig ist.
- Der alternativ verwendbare Tofu ist eine gute Quelle für pflanzliches Eiweiß.

VARIATIONEN FÜR SÄUGLINGE

4–6 Monate Nicht geeignet. Füttern Sie stattdessen Brei aus leicht gedämpftem Brokkoli, grünen Bohnen oder Nudeln.

6–12 Monate Nudeln und Sauce zunächst pürieren; sobald das Kind kauen kann, in mundgerechte Stücke schneiden. Nur in Öl oder Wasser, niemals in Salzlake eingelegten Thunfisch verwenden.

KINDERLEICHTE LASAGNE

50 g Butter
2 Zwiebeln, gehackt
2 Knoblauchzehen, zerdrückt
50 g Mehl
600 ml selbst gemachte Gemüse- (s. u.) oder Hühnerbrühe (S. 84)
300 ml Milch
375 g Erbsen, frisch oder tiefgekühlt
250 g Mais aus der Dose (vorzugsweise ungesalzen und ungezuckert), abgetropft
1 EL frisch gehackte Petersilie oder Minze
150 g grüne Lasagneplatten (ohne Vorkochen)
schwarzer Pfeffer

zum Servieren (nach Belieben)
gegrillte Tomaten, gedünsteter Spinat oder grüner Salat

Grüne Erbsen und gelber Mais bilden einen appetitlichen Kontrast in diesem farbenfrohen Gericht, das vor allem Kleinkinder sehr mögen.

Die Butter in einem Topf zerlassen und die Zwiebel darin weich dünsten. Den Knoblauch zufügen und wenige Minuten mitdünsten, dann das Mehl einstreuen und 1 Minute anschwitzen. Nach und nach unter ständigem Rühren Brühe und Milch zugießen, dann die Sauce mit Pfeffer würzen.

Frische Erbsen 4–5 Minuten in kochendem Wasser blanchieren, dann abgießen. Blanchierte bzw. aufgetaute Erbsen mit Mais sowie Petersilie oder Minze in einer Schüssel vermengen.

Ein Drittel der Sauce in eine flache Auflaufform gießen. Eine Lage Lasagneplatten darüber legen und die Erbsen-Mais-Mischung darauf verteilen. Die Hälfte der verbliebenen Sauce zugießen. Eine weitere Schicht Lasagneplatten auf das Gemüse legen und mit der restlichen Sauce übergießen.

Die so vorbereitete Lasagne in einen auf 190 °C vorgeheizten Backofen geben und etwa 25 Minuten backen, bis sie goldbraun geworden ist. Anschließend sofort servieren. Nach Belieben eine Beilage dazu reichen.

NÄHRWERTBONUS

• Die komplexen Kohlenhydrate der Nudeln wirken Müdigkeit und Nervosität entgegen, die durch einen niedrigen Blutzuckerspiegel ausgelöst werden.

VARIATIONEN FÜR SÄUGLINGE

4–6 Monate Nicht geeignet. Für alternative Beikost vgl. S. 16–19.
6–12 Monate Ungesalzene Brühe und Vollmilch verwenden. Mit Milch oder Wasser pürieren, solange das Kind noch nicht kauen kann; ansonsten in mundgerechte Stücke schneiden. Sollten Zwiebeln und Bohnen Blähungen verursachen, die Lasagne mittags statt abends reichen.

GEMÜSEBRÜHE

Je 1 kleine gehackte Zwiebel und Karotte, ½ fein gehackte Selleriestange, etwas frisch gezupften Thymian oder frisch gehackte Petersilie sowie 1 Prise Pfeffer mit 900 ml Wasser aufkochen. Köcheln lassen, bis das Gemüse weich ist, dann glatt pürieren.

Auch ungesalzener Sud von gekochtem oder gedämpftem Gemüse, wie Spinat, Karotten, Wirsing oder Zwiebeln, kann als Brühe verwendet werden.

Die fertige Brühe portionsweise in Eiswürfelschalen füllen und tiefkühlen.

PERFEKTE PIZZA

Boden
250 g Weizenmehl Type 550
250 g Vollkornweizenmehl
1 TL Zucker
1 Tütchen Trockenhefe
2 EL Olivenöl
3 EL Milch
etwa 175 ml lauwarmes Wasser

Tomaten-Knoblauch-Belag
2 EL Oliven- oder Sonnenblumenöl
2 Knoblauchzehen, zerdrückt
500 g Tomaten, gehäutet (nach Belieben) und gehackt
4 EL Tomatenmark
2 EL frisch gehackter Oregano oder 2 TL getrockneter
12 entsteinte schwarze Oliven (nach Belieben)
300 g Mozzarella, in dünnen Scheiben
schwarzer Pfeffer
2 EL natives Olivenöl extra, zum Beträufeln (nach Belieben)

grüner Salat zum Servieren (nach Belieben)

Selbst gemachte Pizzen schmecken einfach besser als die Fertigprodukte aus dem Kühlregal. Weitere Beläge finden Sie auf Seite 54.

Für den Teig die beiden Mehlsorten mit Zucker und Hefe in eine große Schüssel sieben. Eine Vertiefung in die Mitte drücken und Öl, Milch und Wasser hineingeben. Alles zu einem glatten, geschmeidigen, nicht klebrigen Teig verarbeiten. Ist der Teig zu trocken, etwas mehr Milch zufügen, ist er zu feucht, noch etwas Mehl zusieben. Den fertigen Teig 5 Minuten durchkneten, dann in eine saubere Schüssel geben, mit einem Küchentuch abdecken und an einem warmen, geschützten Ort (z. B. im leicht erwärmten Backofen) etwa 1 Stunde gehen lassen (bei Zimmertemperatur verlängert sich die Zeit auf etwa 2 Stunden).

Den aufgegangenen Teig noch einmal durchkneten, dann in 4 Stücke teilen. Diese zu dünnen Kreisen ausrollen und auf eingefettete Backbleche legen.

Für den Belag das Öl in einer großen Pfanne erhitzen und den Knoblauch darin 1 Minute dünsten. Die Tomaten zufügen und 3–4 Minuten unter Rühren mitdünsten, dann mit Pfeffer würzen.

Die vorbereiteten Böden mehrfach mit einer Gabel einstechen und je 1 Esslöffel Tomatenmark darauf verstreichen. Die Tomaten-Knoblauch-Sauce darüber verteilen und die Pizzen noch einmal 20 Minuten ruhen lassen, damit der Teig erneut ein wenig aufgehen kann.

Die Pizzen 15 Minuten in einem auf 200 °C vorgeheizten Backofen backen. Dann mit Oregano und (falls verwendet) Oliven bestreuen, mit Mozzarellascheiben belegen, eventuell mit etwas Olivenöl beträufeln und weitere 10 Minuten backen, bis der Käse geschmolzen ist. Nach Belieben einen Salat dazu reichen.

NÄHRWERTBONUS

- Vollkornmehl enthält viele Ballaststoffe und fördert damit die Verdauung.
- Tomaten und Zwiebeln sind eine beliebte Kombination. Die enthaltenen Nährstoffe beugen Husten, Schnupfen und anderen Infektionen vor.

VARIATIONEN FÜR SÄUGLINGE

Oliven und Tomatenmark weglassen.
4–6 Monate Nicht geeignet. Für alternative Beikost vgl. S. 16–19.
6–9 Monate Ein Stück Pizza mit etwas Milch oder Wasser pürieren. Kann das Baby schon kauen, die Pizza in kleine Stücke schneiden und mit etwas Milch oder Wasser einweichen.
9–12 Monate Ältere Kinder können passend zugeschnittene Pizzastücke zum Essen auf die Hand nehmen.

INDISCHE GEFLÜGELPIZZA

4 Pizzaböden (S. 52)
250 g tiefgekühlter Mais
4 EL Olivenöl
2 Zwiebeln, fein gehackt
2 Hähnchenbrustfilets, in dünnen Streifen
1 TL mittelscharfe Curry-Paste (nach Belieben)
75 g Frischkäse
4 Scheiben frische Ananas, in kleinen Stücken
75 g Gouda, gerieben

Den Mais 2 Minuten in kochendem Wasser blanchieren, dann abgießen.

Das Öl in einer Pfanne erhitzen und die Zwiebeln darin 3–4 Minuten goldbraun braten. Das Fleisch zufügen und etwa 5 Minuten mitbraten, bis es durchgegart ist. Dann ggf. die Curry-Paste zufügen und den Mais einrühren.

Den Frischkäse in kleinen Flocken auf die Pizzaböden setzen. Die Geflügel-Mais-Mischung darauf geben, Ananasstücke und Käse darüberstreuen.

Die Pizzen noch einmal 20 Minuten gehen lassen, dann 20 Minuten in einem auf 200 °C vorgeheizten Backofen goldbraun backen.

NÄHRWERTBONUS

• Der schmackhafte Belag enthält viele wertvolle Proteine und Vitamine.

VARIATIONEN FÜR SÄUGLINGE

4–6 Monate Nicht geeignet. Füttern Sie stattdessen Maisbrei oder Ananasmus. Babys ab 5 Monate können auch Geflügelbrei bekommen.
6–9 Monate Ein Stück Pizza mit etwas Milch oder Wasser pürieren. Kann das Baby bereits kauen, die Pizza in kleine Stücke schneiden und diese mit Milch oder Wasser einweichen.
9–12 Monate Ältere Kinder können kleine Pizzastücke auf die Hand nehmen.

ITALIENISCHE GEMÜSEPIZZA

4 Pizzaböden (S. 52)
4 mittelgroße Zucchini, in Scheiben
2 rote oder gelbe Paprika, in Streifen
2 rote Zwiebeln, fein gehackt
4 EL Olivenöl
125 g kleine Champignons, in Scheiben
200 g Kirschtomaten, halbiert
250 g Mozzarella, in dünnen Scheiben
75 g Gouda, gerieben

Zucchini, Paprika und Zwiebeln in einen flachen Bräter geben, mit dem Öl beträufeln und 25 Minuten in einem auf 225°C vorgeheizten Backofen rösten. Dann Champignons und Tomaten zufügen und 10 Minuten mitrösten.

Gemüse und Mozzarella auf den Pizzaböden verteilen. Den Gouda obenauf streuen und die Pizzen noch einmal 20 Minuten gehen lassen. Dann in den zuvor nicht ausgestellten Backofen geben und 15–20 Minuten goldbraun backen.

NÄHRWERTBONUS

• Rote Paprika und Tomaten enthalten viel Vitamin C und Beta-Carotin. Champignons liefern verschiedene B-Vitamine.

VARIATIONEN FÜR SÄUGLINGE

4–6 Monate Nicht geeignet. Füttern Sie stattdessen etwas Zucchinibrei.
6–9 Monate Ein Stück Pizza mit etwas Milch oder Wasser pürieren. Kann das Baby kauen, die Pizza kleinschneiden und mit Milch oder Wasser einweichen.
9–12 Monate Ältere Kinder können passend zugeschnittene Pizzastücke zum Essen auf die Hand nehmen.

ÜBERBACKENE BAGUETTES

Die Baguettes sind schnell gemacht und können direkt auf der Hand gegessen werden, was Ihnen selbst das anschließende Geschirrspülen erspart. Alles, was Sie für die Zubereitung benötigen, sind ein französisches Baguette und entweder der schnelle Tomatenbelag aus diesem Rezept oder einen der Pizzabeläge von Seite 52 oder 54. Auch ein nicht mehr ganz so frisches Brot schmeckt auf diese Weise zubereitet toll, denn der saftige Belag zieht rasch auch in etwas trockeneren Teig ein.

4 Stücke französisches Baguette von etwa 15–20 cm Länge
grüner Salat zum Servieren (nach Belieben)

Belag
3 EL Tomatenketchup, vorzugsweise selbst gemacht (S. 36)
375 g Tomaten, in Scheiben
200 g Mozzarella, in dünnen Scheiben
12 entsteinte schwarze Oliven (nach Belieben)

- Sie können für dieses Rezept durchaus Weißmehlbaguette verwenden. Vollkornbaguette – inzwischen in vielen Supermärkten und Bäckereien erhältlich – enthält allerdings mehr Ballaststoffe.
- Am besten überbackt man die Baguettehälften in einem flachen Bräter. Die Seitenwände helfen, die Brote zu stützen, damit der Belag während des Backens nicht hinunterrutscht.

Die Baguettestücke längs halbieren und mit der Schnittseite nach oben in einen flachen Bräter legen. Gleichmäßig mit Ketchup bestreichen, mit den Tomaten- und Mozzarellascheiben belegen und nach Belieben Oliven darauf verteilen. Die Baguettehälften dicht aneinander legen, so dass sie einander stützen, damit der Belag nicht abrutscht.

Die so vorbereiteten Baguettes in einem auf 180 °C vorgeheizten Backofen etwa 15 Minuten backen, bis der Käse geschmolzen ist. Noch warm nach Belieben mit einem knackigen Salat servieren.

NÄHRWERTBONUS

- Baguettes bilden eine hervorragende Grundlage für zahlreiche nahrhafte Beläge. Tomaten liefern beispielsweise viel Vitamin C und Beta-Carotin.

VARIATIONEN FÜR SÄUGLINGE

Keinen Fertigketchup verwenden und die Oliven weglassen.

4–6 Monate Nicht geeignet. Für alternative Beikost vgl. S. 16–19.

6–9 Monate Brot und Belag mit etwas Milch oder Wasser pürieren. Kann das Kind bereits kauen, das Brot in kleine Stücke schneiden und in etwas Milch oder Wasser einweichen.

9–12 Monate Ältere Kinder können passend zugeschnittene Baguettestücke zum Essen auf die Hand nehmen. Baguettes sind am Rand vergleichsweise hart; die Kinder verzehren in der Regel zunächst den weichen Belag und essen die härtere Kruste dann wie einen Zwieback, d. h. sie kauen und lutschen so lange daran herum, bis sie so weich ist, dass sie problemlos gekaut werden kann.

Gesundes Fastfood

Manchmal hat man ausreichend Zeit, ein umfangreiches Gericht zuzubereiten, ein anderes Mal muss das Essen so schnell wie möglich auf dem Tisch stehen. Mit den folgenden Rezepten gelingen Ihnen nahrhafte und dennoch rasch zubereitete Speisen, die Ihnen mehr Zeit lassen, sich um Ihre Kinder zu kümmern oder auch einmal vom Stress des Elternseins zu entspannen.

HÄHNCHENPFANNE MIT GEMÜSE

Pfannengerührtes Gemüse schmeckt selbst auch Kindern, die sonst kein Gemüse mögen, weil es seine natürliche Süße bewahrt.

500 g Hähnchenbrustfilet
175 g junge Karotten, geschabt
175 g Babymais, längs halbiert
3 EL Sonnenblumenöl
1 rote Paprika, in dünnen Streifen
1 Knoblauchzehe, zerdrückt
175 g kleine Zuckererbsen
gekochter Reis zum Servieren

Das Fleisch quer zur Faser in Streifen schneiden und beiseite stellen. Karotten und Babymais 2 Minuten in kochendem Wasser blanchieren, unter fließend kaltem Wasser abschrecken und abtropfen lassen.

Nun 2 Esslöffel Öl bei mittlerer Hitze in einem Wok oder einer großen Pfanne erwärmen. Die Hitze erhöhen, das Fleisch zufügen und unter Rühren rundum 3–4 Minuten braun braten, dann herausnehmen und beiseite stellen.

Das restliche Öl in den Wok geben und bei mittlerer Hitze erwärmen. Paprika und Knoblauch darin 2–3 Minuten weich dünsten, aber nicht bräunen.

Karotten, Mais und Zuckererbsen zufügen. Die Hitze erhöhen und alles weitere 3–4 Minuten unter Rühren braten. Zuletzt das Fleisch mit dem gesamten Bratensaft zugeben und noch einmal 1 Minute mitbraten. Das fertige Gericht mit gekochtem Reis, vorzugsweise Vollkornreis, servieren.

NÄHRWERTBONUS

• Das Gericht deckt eine der 5 empfohlenen Portionen Obst- und Gemüse pro Tag ab und liefert viele Ballaststoffe für eine gute Verdauung.

VARIATIONEN FÜR SÄUGLINGE

4–6 Monate Nicht geeignet. Füttern Sie stattdessen mit selbst gemachter Gemüse- (S. 51) oder Hühnerbrühe (S. 81) verdünnten Karottenbrei.

6–12 Monate Das Gericht pürieren, bis das Kind auch festere Stücke kauen kann (mit etwa 10 Monaten). Von dem Zeitpunkt an Fleisch und Gemüse in kleine Stücke schneiden.

• Für Kinder über 1 Jahr kann der Geschmack des Gerichts durch die Zugabe von 4 Esslöffeln gelber Bohnensauce und 1 Esslöffel Sherryessig, bevor das Gemüse wieder in die Pfanne kommt, noch verstärkt werden.

FRITTATA

Die rasch zubereitete italienische Frittata ähnelt einem spanischen Omelett – vor allem, wenn Sie sie mit Kartoffelwürfeln zubereiten. Ein ideales Gericht für alle, die schnell etwas Herzhaftes auf den Tisch bringen müssen. Dass vor allem kleine Kinder die Frittata lieben, macht sie zu einem Geheimtipp für viel beschäftigte Eltern. Für die Zubereitung brauchen Sie eine ofenfeste Pfanne.

175 g Kartoffeln, in 2,5 cm großen Würfeln (nach Belieben)
25 g Butter
1 EL Oliven-, Raps- oder Walnussöl
1 Zwiebel (vorzugsweise rot), in dünnen Streifen
2 Selleriestangen, gehackt
1 rote Paprika, gehackt
250 g junger Spinat
6 Eier, verquirlt
75 g Gouda, gerieben
Salz (nach Belieben) und schwarzer Pfeffer

zum Servieren
knuspriges Brot
Tomaten-Gurken-Salat

Die Kartoffeln (falls verwendet) 6–8 Minuten in kochendem Wasser vorgaren, bis sie gerade weich werden, dann abgießen.

Die Butter mit dem Öl in einer beschichteten Pfanne zerlassen. Zwiebel, Sellerie und Paprika darin 5–6 Minuten weich dünsten und leicht anbräunen. Den Spinat zufügen und 2–3 Minuten mitdünsten, bis er zusammenfällt. Dann (falls verwendet) die Kartoffelwürfel unterrühren.

Die Eier pfeffern, zum Gemüse in die Pfanne gießen und alles weitere 5 Minuten bei mittlerer Hitze kochen, bis die Eimasse am Pfannenboden stockt.

Die Frittata mit dem Käse bestreuen und 2–3 Minuten unter einem vorgeheizten Backofengrill von oben leicht goldbraun werden lassen.

Noch heiß oder warm mit knusprigem Brot und einem Tomaten-Gurken-Salat servieren.

NÄHRWERTBONUS

• Eier sind eine hervorragende Proteinquelle, was dieses Gericht für Vegetarier besonders wertvoll macht.
• Spinat beinhaltet viele Pflanzenfarbstoffe, darunter Beta-Carotin, Chlorophyll, Lutein und Xanthin (gut für Immunsystem, Augen und Haut) sowie Mineralstoffe, allen voran Kalzium, Magnesium und Eisen.

VARIATIONEN FÜR SÄUGLINGE

4–6 Monate Nicht geeignet. Füttern Sie stattdessen mit Milch, Gemüsebrühe oder Wasser verdünnten Kartoffelbrei.
6–12 Monate Nur 1 Selleriestange und halb soviel Spinat wie angegeben verwenden. Solange das Kind noch nicht kauen kann, die Frittata mit etwas Milch, Brühe oder Wasser pürieren. Ansonsten in mundgerechte Stücke schneiden.

• Wer mag, ersetzt den Spinat durch gedämpfte und gehackte Brokkoliröschen.

BRODELN & BRUTZELN

Dieses Gericht ist ein schnell zubereiteter Klassiker der englischen Küche. Seinen Namen – im Original »Bubble & Squeak« – verdankt es den Geräuschen, die Butter, Öl und Gemüse beim Braten in der Pfanne machen.

50 g Butter
1 EL Olivenöl
500 g gekochte Kartoffeln, in Würfeln oder grob zerdrückt
500 g gekochter Wirsing, Porree oder Rosenkohl
Salz (nach Belieben) und schwarzer Pfeffer
gekochter Schinken oder anderer Aufschnitt zum Servieren (nach Belieben)

Die Butter mit dem Öl in einer großen beschichteten Pfanne zerlassen. Kartoffel und Wirsing, Porree oder Rosenkohl zufügen und mit Salz (falls verwendet) und Pfeffer würzen.

Die Mischung unter gelegentlichem Wenden goldbraun und knusprig braten. Das fertige Gericht nach Belieben mit gekochtem Schinken oder anderem Aufschnitt servieren.

NÄHRWERTBONUS

- Wirsing, Porree und Rosenkohl enthalten viele wertvolle Nährstoffe, darunter auch Vitamin C und Kalzium.

VARIATIONEN FÜR SÄUGLINGE

Die meisten Säuglinge haben nach dem Verzehr von grünem Blattegemüse, vor allem von Kohl, Probleme mit Blähungen. Um sich selbst und Ihr Kind nicht um eine geruhsame Nacht zu bringen, servieren Sie dieses Gericht besser mittags statt abends.

4–6 Monate Nicht geeignet. Füttern Sie stattdessen mit Milch, Gemüsebrühe oder Wasser verdünnten Kartoffelbrei.

6–12 Monate Kein Salz verwenden. Das fertige Gericht mit etwas Milch oder Wasser pürieren. Sobald das Kind kauen kann, in mundgerechte Stücke schneiden. Als Beilage Geflügelwurst statt Schinken reichen.

- Für Erwachsene und ältere Kinder 1 Teelöffel zerdrückte Koriandersamen zu Butter und Öl in die Pfanne geben und 1 Minute rösten, bevor das Gemüse zugegeben wird.

BRUSCHETTAS

Die Basis dieser kleinen Köstlichkeiten bilden getoastete, mit gehackten Tomaten belegte und einem Hauch Knoblauch aromatisierte Brotscheiben. Verfeinern Sie diese mit einem Belag Ihrer Wahl, bevor Sie sie überbacken. Wer es schlicht mag, fügt dem Grundrezept lediglich geriebenen Käse hinzu.

Basis-Bruschetta

4 Scheiben Chiabatta oder anderes Brot
6 EL natives Olivenöl extra oder Walnussöl
1–2 Knoblauchzehen, zerdrückt
4 Tomaten, fein gehackt

Das Brot unter einem vorgeheizten Backofengrill oder im Toaster leicht anrösten. Öl und Knoblauch in einer kleinen Schale mischen und auf den Scheiben verstreichen. Anschließend die gehackten Tomaten darauf verteilen.

- Es ist durchaus sinnvoll, Säuglinge bereits früh mit kräftigen Aromen vertraut zu machen, gehen Sie dabei jedoch langsam vor, um Ihr Kind ganz allmählich und sanft daran zu gewöhnen.
- Für Kinder über 5 Jahre können Sie alternativ auch Brot mit Walnuss- oder Sonnenblumenkernen verwenden.

AUBERGINEN-ZUCCHINI-BRUSCHETTAS

- 2 EL Oliven-, Raps- oder Walnussöl
- 1 große Aubergine, in 1 cm breiten Scheiben
- 2 Zucchini, in 1 cm breiten Scheiben
- 4 Basis-Bruschettas (S. 60)
- 50–75 g Gouda, gerieben

Ein Backblech leicht mit Öl einfetten. Auberginen- und Zucchinischeiben darauflegen und mit dem restlichen Öl bestreichen. Dann das Gemüse 20 Minuten in einem auf 200 °C vorgeheizten Backofen rösten, anschließend wenden und weitere 20–25 Minuten rösten, bis es weich und leicht gebräunt ist.

Anschließend die Basis-Bruschettas auf das Blech legen und die Gemüsescheiben darauf verteilen. Die Brote mit dem Käse bestreuen und 2–3 Minuten unter einem vorgeheizten Backofengrill geben, bis der Käse geschmolzen ist.

HÜHNERLEBER-BRUSCHETTAS

- 50 g Butter
- 1 kleine Zwiebel, gehackt
- 250 g Hühnerleber, fein gehackt
- 2 TL frisch gehackter Salbei
- ½ Selleriestange, fein gehackt
- 1 EL Apfelsaft
- 4 Basis-Bruschettas (S. 60)
- schwarzer Pfeffer

Die Butter in einer großen beschichteten Pfanne zerlassen. Die Zwiebel darin 5–6 Minuten dünsten, bis sie weich und goldbraun geworden ist.

Hühnerleber, Salbei, Sellerie, Pfeffer und Apfelsaft zufügen und alles 10 Minuten unter Rühren braten.

Die Basis-Bruschettas auf ein eingefettetes Backblech legen, die Fleischmischung darauf verteilen und die Brote 2 Minuten unter einen vorgeheizten Backofengrill geben. Nach Belieben einen grünen Salat dazu reichen.

SARDINEN-BRUSCHETTAS

- 8 Sardinen in Öl
- 1–2 TL Zitronensaft zum Abschmecken
- 12-cm-Stück Salatgurke, geschält und fein gehackt (nach Belieben)
- 4 Basis-Bruschettas (S. 60)
- 50–75 g Gouda, gerieben
- schwarzer Pfeffer

Die Sardinen in eine Schale geben, mit einer Gabel zerdrücken und mit Zitronensaft, Pfeffer und Gurke (falls verwendet) mischen.

Die Basis-Bruschettas auf ein eingefettetes Backblech legen und die Sardinenmischung darauf verteilen. Die Brote mit Käse bestreuen und 2–3 Minuten unter einen heißen Backofengrill geben, bis der Käse geschmolzen ist.

NÄHRWERTBONUS

• Bruschettas sind leicht gemacht und bei Menschen jeden Alters beliebt. Die verschiedenen Beläge können Ihnen dabei helfen, Ihren Kindern den Verzehr von Gemüse, Fisch oder Innereien schmackhafter zu machen.

VARIATIONEN FÜR SÄUGLINGE

4–6 Monate Nicht geeignet. Für alternative Beikost vgl. S. 16–19.
6–9 Monate Brot und Belag mit etwas Milch oder Wasser pürieren. Kann das Kind kauen, das Brot kleinschneiden und in Milch oder Wasser einweichen.
9–12 Monate Ältere Kinder können kleinere Stücke oder auch eine ganze Bruschetta zum Essen auf die Hand nehmen.

HOTCATS

Fastfood-Gerichte wie Burger und Hotdogs sind allzeit beliebt. Ihr Vorteil ist, dass sie gut auf der Hand gegessen werden können. Kreieren Sie eigene Versionen wie diese, werden Ihre Kinder garantiert begeistert sein.

4 Kabeljaufilets, je etwa 75 g, Tiefkühlware aufgetaut
4 längliche Vollkorn- oder Hot-Dog-Brötchen
2 EL Mayonnaise
2 EL Naturjoghurt
1 Handvoll Romana- oder Eichblattsalat
1 große oder 2 kleine saure Gurken, in Scheiben (nach Belieben)

zum Servieren
grüne Bohnen oder Erbsen
Backofen Pommes-Frites
Tomatenketchup, vorzugsweise selbst gemacht (S. 36)

Den Fisch etwa 8–10 Minuten dämpfen oder in einer flachen Pfanne mit wenig Wasser dünsten, bis er gar ist.

Die Brötchen auf-, aber nicht durchschneiden. Mayonnaise und Joghurt in einer kleinen Schale mischen und auf den Schnittflächen der Brötchen verstreichen. Nun 1–2 Salatblätter und (falls verwendet) ein paar Gurkenscheiben in jedes Brötchen geben. Die Fischfilets darauflegen, eventuell zuschneiden, damit sie gut in die Brötchen hineinpassen und mit dem Gemüse, Pommes-Frites und Ketchup servieren.

NÄHRWERTBONUS

• Die Hotcats sind reich an Proteinen (die Wachstum und Zellerneuerung fördern) sowie Vitamin B (für starke Nerven).

VARIATIONEN FÜR SÄUGLINGE

Vergewissern Sie sich auch bei Fischfilets immer, ob nicht versehentlich kleine Gräten im Fleisch verblieben sind.

4–6 Monate Nicht geeignet. Für alternative Beikost vgl. S. 16–19.

6–12 Monate Das Gericht mit etwas Milch oder Wasser pürieren. Kann das Kind bereits kauen, die Hotcats in mundgerechte Stücke schneiden und bei Bedarf in etwas Milch oder Wasser einweichen.

• Wer auf seinen Fettkonsum achten muss, verwendet fettreduzierte Mayonnaise.
• Die Filets können auch gegrillt oder gebraten werden, Dämpfen oder Dünsten hält sie allerdings saftiger.

• Vollkornbrötchen schmecken herzhafter und enthalten mehr Ballaststoffe.
• Für einen kräftigeren Geschmack können Sie 1 Esslöffel Mayonnaise durch 1 Esslöffel Sauce tartare ersetzen (für Säuglinge ist dies aber ungeeignet).

VERRÜCKTE WÜRSTCHEN

Würstchen sind einer der beliebtesten Klassiker in der Kinderküche. Servieren Sie sie nach traditioneller Hausfrauenart, so kommen Sie stets am besten an. Kaufen Sie allerdings nur hochwertige Würste, die wenig Fett und Mehl, dafür aber vor allem Fleisch enthalten. Im Bio-Laden oder beim Metzger Ihres Vertrauens werden Sie diese eher erhalten als im Supermarkt.

750 g Kartoffeln
etwas Milch
8 Würstchen
1–2 EL Maiskeimöl
Salz (nach Belieben)

zum Servieren (nach Belieben)
Tomatenketchup, vorzugsweise selbst gemacht (S. 36)
grüne Bohnen, Brokkoli, Erbsen oder Bohnen-Variationen (S. 69)

Die Kartoffeln in leicht gesalzenem (oder ungesalzenem) Wasser weich kochen und mit etwas Milch zerstampfen.

Unterdessen die Würste je 3-mal mit einer Gabel einstechen. Das Öl in einer beschichteten Pfanne erhitzen und die Würstchen darin unter gelegentlichem Wenden je nach Größe 10–20 Minuten braten, bis sie gar sind.

Die fertigen Würstchen halbieren. Auf jeden Portionsteller einen Klacks Kartoffelbrei geben und die Würstchenhälften mit der Schnittseite nach unten hineindrücken. Die restlichen Beilagen daneben anrichten.

NÄHRWERTBONUS

• Würstchen liefern viel Energie und Proteine.

VARIATIONEN FÜR SÄUGLINGE

Da die meisten Würstchen sehr viel Salz enthalten, sind sie für Säuglinge generell ungeeignet.

4–6 Monate Nicht geeignet. Füttern Sie stattdessen mit etwas Milch oder Wasser verdünnten Kartoffelbrei.

6–12 Monate Nur ungesalzene Würsten sind geeignet. Diese sind allerdings schwer zu bekommen, es sei denn, natürlich, Sie machen sie selbst. Falls erhältlich, pürieren Sie Würstchen und Kartoffelbrei mit etwas Milch oder Wasser. Oder schneiden Sie die Würstchen, wenn Ihr Kind kauen kann, in mundgerechte Stücke. Dazu nur selbst gemachten, keinen Fertigketchup reichen.

• Würstchen enthalten normalerweise sehr viel Fett. Achten Sie daher darauf, dass die restlichen Beilagen so wenig Fett wie möglich enthalten. Kaufen Sie außerdem magere Würstchen und lassen Sie sie nach dem Braten auf Küchenpapier abtropfen oder grillen Sie sie.

POPEYES LIEBLINGSEINTOPF

500 g kleine rote Salatkartoffeln, geschrubbt
500 g Schweineschnitzel
2 EL Olivenöl
1 rote Zwiebel, gehackt
1 Knoblauchzehe, zerdrückt
150 ml selbst gemachte Gemüse- (S. 51) oder Hühnerbrühe (S. 84)
175 g Frischkäse
200 g junger Spinat
Rote Bete zum Servieren (nach Belieben)

• Alternativ zu den roten können Sie auch kleine gelbe Kartoffeln verwenden. Die Schalen beider Sorten enthalten mehr Pflanzenfarbstoffe als die der handelsüblichen ‚weißen' Kartoffeln.

Viele Menschen glauben, Spinat sei der beste Eisenlieferant überhaupt – doch das stimmt nicht. Vor vielen Jahren wurde in einer Nährwerttabelle versehentlich ein zu hoher Eisenwert für Spinat eingetragen, und dieser Fehler hat sich fortan als Scheingewissheit verbreitet. Dennoch enthält Spinat ein wenig Eisen, allerdings auch Magnesium, Kalzium und Pflanzenfarbstoffe – also alles, was Ihr Kind täglich braucht.

Große Kartoffeln in etwa gleich große mundgerechte Stücke schneiden und etwa 15 Minuten über kochendem Wasser dämpfen, bis sie gar sind. In der Zwischenzeit das Fleisch mit einem Küchentuch trockentupfen und in Streifen schneiden.

Das Öl in einem Wok oder einer großen Pfanne erhitzen. Das Fleisch darin etwa 3 Minuten rundum anbraten. Zwiebeln und Knoblauch zufügen und 3–4 Minuten mitbraten, bis sie weich sind.

Brühe und Frischkäse zufügen, den Wok abdecken und den gesamten Inhalt 5 Minuten sanft köcheln lassen. Dann Kartoffeln und Spinat zugeben und rühren, bis der Spinat zusammenfällt. Das fertige Gericht sofort servieren.

Wird Rote Bete als Beilage gereicht, das rohe Gemüse weich kochen, dann die Schale abreiben und das Fruchtfleisch kleinreiben.

NÄHRWERTBONUS

• Schweinefleisch ist eine gute Quelle für Proteine (die das Wachstum fördern) und Vitamin B (das die Nerven stärkt).
• Zwiebeln und Knoblauch enthalten, so vermutet man, antivirale und antibakterielle Stoffe, die Infektionen entgegenwirken können.

VARIATIONEN FÜR SÄUGLINGE

4–6 Monate Nicht geeignet. Füttern Sie stattdessen mit etwas selbst gemachter Gemüse- oder Geflügelbrühe verdünnten Kartoffel- oder Spinatbrei. Babys, die bereits kombinierte Speisen erhalten, können auch beide Gemüsesorten bekommen.

6–12 Monate Das fertige Gericht pürieren oder, wenn Ihr Kind bereits feste Zutaten kauen kann, in kleine Stücke schneiden. Das Fleisch wird es allerdings wohl erst ab 10 Monate problemlos zerkauen können, ganz gleich wie klein Sie es schneiden.

Für jede Tageszeit

In diesem Kapitel stelle ich Ihnen vielseitige Rezepte für jede Gelegenheit vor. Manchmal brauchen Kinder einfach eine Kleinigkeit zwischendurch, vor allem wenn zwischen Mittag- und Abendessen 5–6 Stunden liegen. Obst, Müsliriegel und belegte Brote sind in solchen Situationen beliebte Snacks. Zuweilen brauchen die Kleinen jedoch Gehaltvolleres. Die folgenden Rezepte möchten Ihnen Anregungen für solche Fälle bieten – von Maispuffern über Bohnen-Variationen bis hin zu köstlichen Milchshakes ist für jeden etwas dabei.

HAIFISCHSUPPE

4 kleine oder mittelgroße Pastinaken
25 g Butter
1 Zwiebel, gehackt
1,2 l Hühnerbrühe, vorzugsweise selbst gemacht (S. 84)
500 g frische oder tiefgekühlte Erbsen
1 Prise frisch gemahlene Muskatnuss
1 EL Speisestärke mit 2 TL Wasser angerührt
schwarzer Pfeffer
gehackte Minzeblätter zum Garnieren

zum Servieren
Vollkornbrot
Käse, gerieben (nach Belieben)

• Gegen Ende der Garzeit kann man durch Einstechen mit einer Messerspitze überprüfen, ob die Pastinaken gar sind. Älteres Gemüse gart länger als junges.
• Im Sommer unbedingt frische Erbsen verwenden, sie schmecken weitaus besser als tiefgekühlte.

Viel Spaß mit dieser Suppe, der Pastinaken in Haiform den besonderen Pfiff verleihen. Anstelle von Pastinaken können Sie auch Karotten verwenden.

Mit einem scharfen Messer einen Keil in die dicken Enden der Pastinaken schneiden, der an den offene Schlund eines Hais erinnert. Anschließend die Pastinaken etwa 20 Minuten kochen, bis sie weich sind.

Inzwischen die Butter in einem großen Topf zerlassen. Die Zwiebel darin etwa 5 Minuten weich dünsten, aber nicht bräunen. Dann Brühe, Erbsen, Muskat, Pfeffer und Stärke zufügen. Alles aufkochen, den Topf halb abdecken und die Suppe 10 Minuten unter gelegentlichem Rühren köcheln lassen.

Die Suppe leicht abkühlen lassen, dann in einem Mixer pürieren. Falls nötig aufwärmen, dann auf vorgewärmte Suppenschalen verteilen. Je eine Pastinake in jede Schale geben und die Suppe mit etwas Minze betreuen. Das fertige Gericht mit Vollkornbrot und nach Belieben geriebenem Käse servieren.

NÄHRWERTBONUS

• Pastinaken enthalten viele Ballaststoffe sowie Vitamin C und E.
• Die in Erbsen enthaltenen Phytohormone können helfen, den eigenen Hormonhaushalt auszubalancieren.

VARIATIONEN FÜR SÄUGLINGE

Nur ungesalzene Brühe verwenden.

4–6 Monate Ein Stück Pastinake mit Milch oder Wasser pürieren; für 5 Monate alte Babys außerdem 1 Teelöffel Suppe zufügen.

6–12 Monate Die Pastinake zerdrückt unter die Suppe rühren. Wenn das Kind bereits kauen kann, die Pastinake in mundgerechte Stücke schneiden.

HÜHNERSUPPE

Werfen Sie übriggebliebene Knochen von Brat- oder Grillhähnchen nicht weg – Sie können sie noch für die Zubereitung einer nahrhafte Suppe verwenden. Selbst gemachte Hühnersuppe ist ein altbewährtes Hausmittel gegen Erkältungskrankheiten.

Knochen von 1 Grillhähnchen (s. Tipp)
entfettete Hühnerbrühe (s. Tipp)
1 EL Essig
1 EL Hühnerfett (s. Tipp)
2 Karotten, grob gewürfelt
1 Pastinake, grob gewürfelt
1 Zwiebel, geviertelt
1–2 Knoblauchzehen
1 Selleriestange, in dünnen Scheiben
1 EL rote Linsen
schwarzer Pfeffer
4 EL Schlagsahne
125 g Hähnchenbrustfilet, gekocht und klein gezupft (nach Belieben)
frisch gehackte Petersilie zum Garnieren
knuspriges Vollkornbrot zum Servieren

Die Knochen mit so viel Wasser in einen großen Topf geben, dass sie gut bedeckt sind. Das Wasser aufkochen, dann den Topf mit einem leicht schräg gestellten Deckel abdecken, so dass Dampf mühelos austreten kann, und alles mindestens 1 Stunde, besser aber 2–3 Stunden köcheln lassen.

Die Brühe durch ein Sieb seihen, um die Knochen zu entfernen, dann in den ausgespülten Topf zurückgießen. Entfettete Brühe, Essig, Fett, Karotten, Pastinake, Zwiebel, Knoblauch, Linsen und Pfeffer zufügen. Die Brühe erneut aufkochen, dann halb abdecken und weitere 30 Minuten köcheln lassen.

Die Suppe vom Herd nehmen und, falls erforderlich, etwas Wasser zugießen, so dass etwa 1,2 Liter Flüssigkeit vorhanden sind.

Gemüse und Linsen mit einem Schaumlöffel aus der Suppe heben und mit der Sahne sowie einigen Löffeln Suppe in einem Mixer pürieren. Anschließend in den Topf zurückgeben. Gut unterrühren und (falls verwendet) die Hähnchenbrust zufügen.

Die fertige Suppe auf vorgewärmte Schalen verteilen, mit Petersilie bestreuen und mit Vollkornbrot servieren.

- Den Fleischsaft, der sich beim Braten oder Grillen im Bräter sammelt, in eine Schüssel gießen und abkühlen lassen. Es bilden sich 2 Schichten: unten klare Brühe, oben erkaltetes Hühnerfett.
- Statt mit Knochenresten, können Sie die Suppe auch mit 1,6 kg frischen Hühnerknochen zubereiten. Diese müssen allerdings unbedingt 3 Stunden kochen.

NÄHRWERTBONUS

- Wissenschaftliche Studien haben erwiesen, dass selbst gemachte Hühnersuppe Erkältungskrankheiten entgegenwirkt und das Immunsystem stärkt.
- Die Linsen binden die Suppe und enthalten viele Ballaststoffe sowie komplexe Kohlenhydrate, die plötzliche Heißhungerattacken für mehrere Stunden nach dem Verzehr unterbinden.

VARIATIONEN FÜR SÄUGLINGE

Die Linsen weglassen, wenn das Kind Probleme mit Blähungen hat. Alle Knochen sorgfältig aussortieren. Kindern unter 6 Monaten kein Vollkornbrot geben.

4–6 Monate Mit Milch oder Sud verdünnten Karotten- oder Pastinakenbrei füttern. Ab 5 Monate kann außerdem püriertes Hühnerfleisch zugefügt werden.

6–10 Monate Die Suppe ohne zusätzliches Hühnerfleisch füttern oder etwas Fleisch pürieren und unter die Suppe rühren.

10–12 Monate Das Suppenfleisch vor dem Servieren klein schneiden.

BOHNEN-VARIATIONEN

Bohnen aus der Dose sind sehr beliebt, es ist allerdings nicht schwer, sie selbst zuzubereiten. Würzen Sie sie ganz nach Ihrem Geschmack: süßlich, herzhaft oder pikant.

- 250 g getrocknete Cannelini-, Flageolet-, Borlotti-, Augen- oder Kidney-Bohnen, über Nacht in kaltem Wasser eingeweicht
- 2 Zwiebeln, gehackt
- 2 Knoblauchzehen, zerdrückt
- 1 EL Zuckerrübensirup, Zuckersirup oder Vollrohrzucker
- 4 EL Tomatenmark (nach Belieben)
- 1 EL Dijon-Senf (nach Belieben)
- 1 TL Worcester-Sauce (nach Belieben)

Die Bohnen abgießen, abspülen, in einen großen Topf geben und mit kaltem Wasser bedecken. Das Wasser aufkochen und die Bohnen 10 Minuten sprudelnd kochen, dann die Hitze reduzieren und die Bohnen 1–2 Stunden köcheln lassen, bis sie gar sind.

Die Bohnen gründlich abgießen, mit den restlichen Zutaten in einen Bräter geben und mit so viel kochendem Wasser übergießen, dass alles gerade bedeckt ist.

Den Bräter abdecken und 30 Minuten in einen auf 180°C vorgeheizten Backofen geben. Dann den Deckel entfernen und die Bohnen weitere 30 Minuten backen.

VARIATIONEN

Pikante Bohnen Zusätzlich ¼-½ Teelöffel Chilipulver mit den restlichen Zutaten in den Bräter geben.

Herzhafte Bohnen Zusätzlich 2 Esslöffel Chutney und 1–2 weitere Esslöffel Worcester-Sauce mit den restlichen Zutaten in den Bräter geben.

Honigbohnen Zusätzlich 2 Esslöffel flüssigen Honig mit den restlichen Zutaten in den Bräter geben.

Speckbohnen Zusätzlich 250 g Speckwürfel mit den restlichen Zutaten in den Bräter geben.

- Wenn es einmal schnell gehen muss, können Sie auch 475 g Bohnen aus der Dose verwenden und direkt in den Bräter geben. Die Zwiebel vor der Verwendung weich dünsten und die Backzeit auf die Hälfte reduzieren.
- Die Garzeit für Hülsenfrüchte schwankt je nach Sorte und Alter des Produkts stark.

NÄHRWERTBONUS

- Die in den Bohnen enthaltenen Proteine und Phytohormone fördern das Wachstum und sorgen für einen ausgewogenen Östrogenspiegel.
- Bohnen enthalten außerdem komplexe Kohlenhydrate, die langfristig Energie spenden und den Blutzuckerspiegel konstant halten.

VARIATIONEN FÜR SÄUGLINGE

4–6 Monate Nicht geeignet. Für alternative Beikost vgl. S. 16–19.

6–12 Monate Das Grundrezept ist geeignet, die Variationen nicht. Das fertige Gericht pürieren oder, wenn das Kind selbstständig kauen kann, in mundgerechte Stücke schneiden. Die Bohnen vorzugsweise mittags füttern, damit eventuelle Blähungen die Nachtruhe des Kindes nicht beeinträchtigen.

GEMÜSEBURGER

375 g Flageolet-, Cannellini- oder Kidney-Bohnen, gekocht oder aus der Dose
375 g Süßkartoffeln, Karotten oder Pastinaken, grob gewürfelt
2 EL Olivenöl
1 Zwiebel, gehackt
2 Knoblauchzehen, zerdrückt
1 Selleriestange, fein gewürfelt
1 EL Mehl
1 EL Tomatenmark
2 EL Soja-Sauce (nach Belieben)
1 EL frisch gehackter Koriander (nach Belieben)

zum Servieren

4 Brötchen oder Pita-Brote
4 TL Mayonnaise
4 TL Tomatenketchup, vorzugsweise selbst gemacht (S. 36)
1 Handvoll Salatblätter, gezupft
Tomaten-Gurken-Salat (nach Belieben)

• Vollkornbrote und -brötchen sind herzhafter, nahrhafter und ballaststoffreicher als Weißmehlprodukte.

Die Süßkartoffeln verleihen den Burgern einen hübschen orangefarbenen Schimmer, und dank der schmackhaften Gemüsemischung sind sie weitaus ansprechender als langweilige Tofu-Burger. Rote Kidney-Bohnen sorgen für einen noch wärmeren Farbton. Falls alle, die mitessen, über 5 Jahre alt sind, können sie zusätzlich je 1 Esslöffel Sonnenblumenkerne und Sesamsaat an die Burger geben.

Die Bohnen gründlich abgießen und auf Küchenpapier trockentupfen. Dann in einer Schüssel zerdrücken. Süßkartoffeln, Karotten oder Pastinaken 20–25 Minuten in kochendem Wasser weich garen, anschließend abgießen und ebenfalls zerdrücken.

Nun 1 Esslöffel Öl in einer großen Pfanne erhitzen. Zwiebel, Knoblauch und Sellerie darin 5 Minuten dünsten. Süßkartoffel-, Karotten- oder Pastinakenbrei zufügen und alles weitere 5 Minuten dünsten. Anschließend mit Bohnenmus, Mehl, Tomatenmark, Soja-Sauce und Koriander (falls verwendet) in einer großen Schüssel vermengen.

Die Mischung mit bemehlten Händen zu 8 kleinen oder 4 großen Bratlingen formen. Das restliche Öl in der Pfanne erhitzen und die Bratlinge darin, eventuell portionsweise, 4 Minuten braten. Dann wenden und die andere Seite weitere 3 Minuten braten.

Unterdessen die Brötchen oder Pita-Brote auf-, aber nicht durchschneiden. Eine der Schnittflächen mit Mayonnaise, die andere mit Ketchup bestreichen. Etwas Salat zugeben, die Bratlinge darauflegen und die fertigen Burger servieren, nach Belieben einen Tomaten-Gurken-Salat dazu reichen.

NÄHRWERTBONUS

• Bohnen enthalten Proteine (für Wachstum und Wundheilung), B-Vitamine (für Energie und starke Nerven) und Vitamin E (für gesunde Zellen).

VARIATIONEN FÜR SÄUGLINGE

Nur getrocknete Bohnen verwenden. Die Soja-Sauce weglassen und ungesalzenes Tomatenmark nehmen. Kein Fertigketchup verwenden.

4–6 Monate Nicht geeignet. Pürieren Sie stattdessen ein wenig Süßkartoffel, Karotte oder Pastinake mit etwas Milch oder Kochsud.

6–9 Monate Den Burger mit etwas Milch oder Wasser zerdrücken.

9–12 Monate Den Burger in mundgerechte Stücke schneiden.

GEBACKENE KARTOFFELN MIT BLUMENKOHLFÜLLUNG

4 große Folien- oder Grillkartoffeln
Olivenöl zum Bestreichen
1 Blumenkohl, in Röschen
15 g Butter
15 g Mehl
300 ml Vollmilch (s. Tipp)
125 g Gouda, gerieben
schwarzer Pfeffer
Karottenstreifen zum Servieren (nach Belieben)

Verwenden Sie fettarme Milch, wenn Ihre Kinder über 2 Jahre alt sind, um den Fettgehalt des Gerichts zu reduzieren.

Ausgeschabte Ofenkartoffeln lassen sich mit allen möglichen Füllungen verfeinern – hier ist es eine köstliche Kombination aus Blumenkohl und Käse. Die Schalen sind nicht nur schön knusprig und schmecken gut, sie sind außerdem äußerst nahrhaft. Ermuntern Sie daher alle Familienmitglieder, die über 2 Jahre alt sind, sie mitzuessen.

Die Kartoffeln rundum mit einer Gabel einstechen, auf ein Backblech legen und mit Öl bestreichen. Anschließend etwa 90 Minuten in einem auf 190 °C vorgeheizten Backofen backen, bis sie weich sind.

Unterdessen den Blumenkohl etwa 15 Minuten dämpfen.

Die Butter in einem Topf zerlassen. Das Mehl darin 2 Minuten anschwitzen. Dann nach und nach die Milch einrühren, bis eine glatte, dickflüssige Sauce entsteht. Etwa 90 Gramm Käse unterrühren und alles mit Pfeffer würzen. Anschließend den Blumenkohl vorsichtig unterrühren.

Die Kartoffeln halbieren und bis auf einen 1 cm breiten Rand ausschaben. Die Kartoffelhälften wieder auf das Backblech geben, mit der Blumenkohlmischung füllen und mit dem restlichen Käse bestreuen. Dann 20 Minuten in dem noch heißen Backofen backen und nach Belieben mit rohen Karottenstreifen zum Dippen servieren.

NÄHRWERTBONUS

- Käse enthält viele Proteine (für Wachstum und Wundheilung) sowie Kalzium (für starke Knochen und Zähne).
- Kartoffelschalen sind sehr ballaststoffreich. Damit sorgen sie für einen konstanten Blutzucker- und einen niedrigen Cholesterinspiegel. Darüber hinaus beugen Ballaststoffe Verstopfung vor.

VARIATIONEN FÜR SÄUGLINGE

4–6 Monate Pürieren Sie etwas Kartoffelmasse und/oder Blumenkohl mit ein wenig Milch oder Wasser.
6–12 Monate Das Gericht pürieren oder, wenn das Kind bereits kauen kann, in mundgerechte Stücke schneiden.

SALBEI-KÜRBIS-GNOCCHI

Sie werden angenehm überrascht sein, wenn Sie die kleinen italienischen Klöße zum ersten Mal probieren. Die unverwechselbaren Aromen von Butter und Salbei verfeinern die Kartoffel-Kürbis-Masse außerordentlich.

375 g Kürbis, gewürfelt
250 g Kartoffeln, gewürfelt
1 Eigelb
125 g Mehl (eventuell etwas mehr)
1 Prise frisch geriebene Muskatnuss
75 g Butter
1–2 EL frisch gezupfte Salbeiblätter
Salz (nach Belieben) und Pfeffer

zum Servieren
Gruyère oder Gouda, gerieben
frische Tomatensauce oder selbstgemachter Pesto (S. 42; nach Belieben)

Kürbis und Kartoffeln 10–15 Minuten in kochendem Wasser garen. Unterdessen Wasser in einem weiteren großen Topf zum Kochen bringen.

Kürbis und Kartoffeln gründlich abgießen und zu Püree verarbeiten. Eigelb, Mehl, Muskat, eine Prise Salz (falls verwendet) und Pfeffer unterrühren und alles zu einem weichen Teig verarbeiten. Falls dieser zu dünn gerät, etwas mehr Mehl zufügen.

Nun 8–10 gehäufte Teelöffel Teig ins kochende Wasser geben. Darauf achten, dass die Teigstücke nicht zusammenkleben und 1–2 Minuten kochen, bis sie an die Wasseroberfläche steigen. Die fertigen Gnocchi mit einem Schaumlöffel aus dem Topf heben und warm stellen, während der restliche Teig auf dieselbe Weise verarbeitet wird.

Die Butter in einer großen Pfanne zerlassen. Den Salbei darin 1 Minute erhitzen. Die fertigen Gnocchi zufügen, rundum in der Salbeibutter wenden und gut erhitzen.

Die fertigen Gnocchi mit Käse bestreuen und nach Belieben mit Tomatensauce oder Pesto servieren.

NÄHRWERTBONUS

• Kürbis ist reich an Beta-Carotin, einer Vorstufe von Vitamin A, das mit seiner antioxidativen Wirkung vor allem Haut und Lunge zugutekommt.

VARIATIONEN FÜR SÄUGLINGE

Das Salz weglassen.

4–6 Monate Nicht geeignet. Füttern Sie stattdessen ein wenig mit Milch oder Wasser verdünnten Kartoffel- oder Kürbisbrei.

6–12 Monate Die Gnocchi mit etwas Milch und Wasser pürieren. Wenn das Kind bereits kauen kann, das Gericht in mundgerechte Stücke schneiden.

MAISPUFFER

Zuckermais ist die Maissorte, die im Allgemeinen zu Gemüse verarbeitet wird. Seinen Namen erhielt er wegen seines leicht süßlichen Geschmacks, der durch die Konservierung noch intensiver wird. Aus dem Grund ist er bei Kindern auch sehr beliebt. Die kleinen Küchlein sind schnell gemacht und können allein oder als Beilage zu Fisch oder Geflügel serviert werden.

4 frische Maiskolben, gekocht (s. Tipp) oder 375 g Mais aus der Dose, abgetropft
2 EL Maismehl
2 EL Polenta
1 kleine Prise Chilipulver (nach Belieben)
2 große Eier, verquirlt
1 kleines Bund Schnittlauch oder 4 Frühlingszwiebeln, fein gehackt
je 1 Prise Salz und Pfeffer (nach Belieben)
Maiskeimöl zum Braten
selbst gemachter Tomatenketchup (S. 36), zum Servieren (nach Belieben)

Maismehl, Polenta, Chilipulver sowie Salz und Pfeffer (falls verwendet) in einer Schüssel mischen. Eier und Schnittlauch oder Frühlingszwiebeln zufügen, dann den Mais unterrühren.

Nun 2 Esslöffel Öl in einer großen beschichteten Pfanne oder Grillpfanne erhitzen. Je 4 Esslöffel der Maismischung in ausreichendem Abstand voneinander hineingeben und leicht flach drücken. Die Puffer 4 Minuten braten, dann wenden und weitere 2 Minuten braten. Die fertigen Puffer aus der Pfanne nehmen, auf Küchenpapier abtropfen lassen und warm halten, während der restliche Teig verarbeitet wird. Anschließend nach Belieben mit Ketchup servieren.

NÄHRWERTBONUS

• Mais versorgt den Körper mit vielen Proteinen und Ballaststoffen.

VARIATIONEN FÜR SÄUGLINGE

Das Salz weglassen.

4–6 Monate Nicht geeignet. Für alternative Beikost vgl. S. 16–19.

6–9 Monate Einen kleinen Puffer mit etwas Milch oder Wasser pürieren. Wenn das Kind bereits kauen kann, in mundgerechte Stücke schneiden.

9–12 Monate Die Puffer entweder in mundgerechte Stücke schneiden oder dem Kind auf die Hand geben.

• Frische Maiskolben 10–15 Minuten in kochendem Wasser garen, dann abgießen. Wenn sie so weit abgekühlt sind, dass man sie anfassen kann, die Kolben senkrecht auf die Spitze stellen und die Körner mit einem scharfen Messer abstreifen.

MILCHSHAKES

Selbstgemachte Milchshakes schmecken köstlich, weil der Eigengeschmack und die natürliche Süße der verarbeiteten Früchte besonders zur Geltung kommt. Für Kinder, die älter als 1 Jahr sind, können Sie sie nach Belieben zusätzlich mit Honig süßen. Durch einen Löffel Joghurt oder Eiscreme werden die Shakes noch cremiger.

pro Shake

175 ml Vollmilch
1 EL flüssiger Honig (nach Belieben)
50 g Banane, Erdbeeren, Mango, Heidelbeeren oder schwarze Johannisbeeren
1 EL Vanilleeis oder Sahnejoghurt (nach Belieben)
Eiswürfel zum Servieren (nach Belieben)
Minzeblätter zum Dekorieren (nach Belieben)

Jeden Milchshake separat zubereiten. Dazu die benötigten Zutaten inklusive Joghurt oder Eiscreme in einen Mixer geben und etwa 30 Sekunden darin vermengen, bis ein glatter Shake entstanden ist.

Den Shake in ein hohes Glas füllen. Nach Belieben Eiswürfel zufügen und den Shake mit Minzeblättern dekorieren. Strohhalme erleichtern das Trinken.

NÄHRWERTBONUS

- Milch ist eine hervorragende Quelle für Proteine (gut für Wachstum und Wundheilung) und Kalzium (gut für Knochen, Zähne und Nerven).
- Die verschiedenen Obstsorten enthalten antioxidativ wirkende Vitamine, Mineralien und Pflanzenfarbstoffe sowie wertvolle Phytohormone.

VARIATIONEN FÜR SÄUGLINGE

4–6 Monate Nicht geeignet. Füttern Sie stattdessen Bananenmus oder mit etwas Milch oder Wasser pürierte Heidelbeeren.

6–12 Monate Den Honig weglassen. Weder Speiseeis noch gezuckerten Joghurt, aber unbedingt Vollmilch verwenden. Höchstens 50 Milliliter geben, allerdings nicht als Ersatz für eine Still- oder Flaschenmahlzeit, denn diese sollten weiterhin die hauptsächliche Milchquelle für den Säugling sein.

- Für Kinder über 2 Jahre können die Shakes auch mit fettarmer Milch zubereitet werden.
- Schwarze Johannisbeeren schmecken von Natur aus recht herb. Ein damit zubereiteter Shake muss daher unbedingt mit etwas Honig gesüßt werden. Für Säuglinge ist er somit nicht geeignet.

Hauptspeisen

Natürlich sind auch andere Gerichte in diesem Buch – etwa die Pizzen und Nudelgerichte oder die Mahlzeiten für jede Tagezeit – vollwertige Hauptmahlzeiten, die folgenden Rezepte wurden allerdings extra für diesen Zweck zusammengestellt. Einige davon erfordern eine etwas längere Zubereitungszeit und sind somit genau das Richtige für besondere Familienfeste.

NUDELSALAT MIT LACHS

Lachs bietet drei Vorteile: Seine orangerötliche Farbe regt wie alle Speisen von ähnlicher Farbe garantiert den kindlichen Appetit an, dank seiner weichen Konsistenz ist er leicht zu essen, und durch den hohen Gehalt an Omega-3-Fettsäuren wirkt er sich positiv auf die kleinen grauen Zellen aus.

250 g frisches Lachsfilet
15 g Butter
200 g bunte Fussili oder andere Nudeln
150 g Zuckererbsen, in dünnen Streifen
1 reife Avocado
2 Tomaten, entkernt und fein gehackt
4 EL Joghurt
2–3 TL frische Schnittlauchröllchen oder frisch gehackte Minze

Den Lachs auf einen mit Alufolie ausgelegten Grillrost legen. Die Butter in Flocken daraufsetzen und den Lachs etwa 8 Minuten unter einem vorgeheizten Backofengrill garen. Anschließend abkühlen lassen.

Die Nudeln in kochendem Wasser bissfest garen. Die Zuckererbsen zufügen und 1 Minute mitkochen. Anschließend alles abgießen und unter fließend kaltem Wasser abschrecken.

Den Fisch kleinzupfen, die Haut entfernen und wegwerfen. Die Avocado halbieren, entsteinen, schälen und in kleine Würfel schneiden. Nudeln, Zuckererbsen, Lachs, Avocado und Tomaten in einer Schüssel mischen. Joghurt und Kräuter mischen und vor dem Servieren über den Salat träufeln.

NÄHRWERTBONUS

• Die im Lachs enthaltenen Omega-3-Fettsäuren fördern die Entwicklung der Nervenbahnen, vor allem im Gehirn, aber auch in anderen Körperregionen.

VARIATIONEN FÜR SÄUGLINGE

Eventuelle Gräten vor dem Füttern sorgfältig entfernen.

4–6 Monate Nicht geeignet. Füttern Sie einem 4 Monate alten Baby Avocadomus. Ein 5 Monate altes Kind, das mit diesem Geschmack bereits vertraut ist, kann zusätzlich etwas mit Flüssigkeit pürierten Lachs erhalten.

6–12 Monate Das Gericht vor dem Füttern pürieren, oder wenn das Kind bereits kauen kann, in mundgerechte Stücke schneiden.

• Wer mag, kann den Lachs auch sanft pochieren oder in der Mikrowelle garen.

• Für ein etwas gehaltvolleres Dressing die Hälfte des Joghurts durch Mayonnaise ersetzen.

ASIATISCHE FISCHPFANNE

Fisch mit weißem Fleisch ist für Säuglinge ein ebenso vorzügliches Nahrungsmittel wie für Kleinkinder und Erwachsene. Süße Chilisauce, Orangensaft und Gemüse verfeinern dieses köstliche Fischgericht, das äußerst schnell zubereitet ist.

375 g frische Kabeljau- oder Schellfischfilets ohne Haut
2 TL Speisestärke
75 ml frisch gepresster Orangensaft
1 EL süße Chilisauce
3 mittelgroße Karotten
3–4 Frühlingszwiebeln
4 Blätter Chinakohl oder eine andere Kohlsorte
1 rote Paprika
200 g mittelgroße Eiernudeln
3 EL Pflanzenöl
75 g tiefgekühlte Erbsen
1 EL Sesamsaat, geröstet (nach Belieben)

Den Fisch in kleine Stücke schneiden und in der Speisestärke wenden. Eventuelle Stärkereste mit Orangensaft und Chilisauce verquirlen. Karotten, Frühlingszwiebeln und Kohl mit der Küchenmaschine oder von Hand in dünne Streifen schneiden.

Die Nudeln gemäß Packungsanweisung in kochendem Wasser garen.

Das Öl in einer großen Pfanne oder einem Wok erhitzen. Das zerkleinerte Gemüse darin etwa 3 Minuten unter Rühren braten, bis es weich, aber immer noch bissfest ist. Dann mit einem Schaumlöffel aus Wok oder Pfanne heben und beiseite stellen. Nun den Fisch in den Wok oder die Pfanne geben und ebenfalls 3 Minuten unter Rühren braten, bis er gar ist. Das Gemüse in die Pfanne zurückgeben, die Erbsen und die Orangensaftmischung zufügen und alles etwa 1 Minute unter leichtem Rühren erhitzen.

Die Nudeln abgießen und auf Portionsschalen verteilen. Die Fisch-Gemüse-Mischung darüber geben, alles nach Belieben mit Sesamsaat bestreuen und servieren.

NÄHRWERTBONUS

- Dieses Gericht ist reich an Proteinen (für ein gutes Wachstum), Vitamin B (für gesunde Nerven) und Vitamin C (für ein starkes Immunsystem).
- Erbsen und Nudeln enthalten komplexe Kohlenhydrate, die den Körper langanhaltend mit Energie versorgen.

VARIATIONEN FÜR SÄUGLINGE

4–6 Monate Nicht geeignet. Füttern Sie 4 Monate alten Babys stattdessen Karottenbrei oder pürierten Kohl. 5 Monate alte Säuglinge können zusätzlich pürierte, mit Wasser, Milch oder Brühe verdünnte Erbsen oder Fischstücke erhalten.

6–12 Monate Die Sesamsaat weglassen. Das Gericht für kleinere Babys pürieren. Wenn die Kinder kauen können, die Nudeln klein schneiden und den Fisch mit der Gabel zerdrücken.

- Wer nur wenig Zeit hat, kann auch küchenfertiges Pfannengemüse aus dem Supermarkt verwenden.
- Tiefgekühlte Fischfilets sind eine gute Alternative, wenn frische einmal nicht erhältlich sind.

GEBACKENER FISCH

Dieser köstliche Auflauf wird selbst größte Fischskeptiker überzeugen. Der leichte Fisch und das weiche, glatte Gemüsepüree harmonieren hervorragend mit der knusprigen Brotkruste, und die frischen Kräuter verleihen dem Gericht ein unwiderstehliches Aroma.

500 g Kartoffeln, grob gewürfelt
500 g Steckrüben, grob gewürfelt
625 g frische Kabeljau-, Schellfisch- oder Lachsfilets
450 ml Milch
25 g Butter
1 Porreestange, in dünnen Ringen
25 g Mehl
75 g Brot ohne Kruste
2 TL frisch gehackte Petersilie oder frisch gehackter Kerbel
schwarzer Pfeffer
Erbsen oder Kohl, gedünstet, zum Servieren

• Ist kein frischer Fisch erhältlich, verwenden Sie stattdessen tiefgekühlte Fischfilets oder Lachs aus der Dose.

Kartoffeln und Rüben mit reichlich Wasser in einen Topf geben und aufkochen. Anschließend das Gemüse 15–20 Minuten garen, bis es weich ist. Unterdessen die Fischfilets etwa 12 Minuten dämpfen oder pochieren, bis sie gar sind.

Kartoffeln und Rüben gründlich abgießen und mit 300 ml Milch sowie etwas Pfeffer zu Püree verarbeiten.

Die Butter in einem Topf zerlassen. Den Porree zufügen und 5–6 Minuten weich dünsten. Das Mehl einrühren und 1 Minute anschwitzen, dann nach und nach die restliche Milch zugießen und gut verrühren, bis eine glatte Sauce entsteht. Diese sofort vom Herd nehmen.

Die Fischfilets mit einer Gabel zerpflücken und zur Sauce geben. Anschließend die Sauce auf dem Boden einer eingefetteten Auflaufform verteilen.

Brot und Kräuter in einem Mixer zu groben Bröseln verarbeiten.

Das Kartoffel-Rüben-Püree über der Fischmischung verteilen. Die Kräuterbrösel darüberstreuen und alles 25–30 Minuten in einem auf 190 °C vorgeheizten Backofen backen, bis die Brösel goldbraun geworden sind. Das fertige Gericht sofort mit gedünstetem Gemüse servieren.

NÄHRWERTBONUS

• Fisch enthält viele Proteine und nur wenige gesättigte Fettsäuren.

VARIATIONEN FÜR SÄUGLINGE

4–6 Monate Nicht geeignet. Füttern Sie stattdessen mit etwas Milch oder Wasser verdünnten Kartoffel- und/oder Steckrübenbrei.

6–12 Monate Eventuelle Gräten sorgfältig entfernen. Ein wenig Fisch zerdrücken und mit dem Püree sowie etwas Milch und Wasser mischen. Wenn das Kind kauen kann, den Fisch in mundgerechte Stücke schneiden und mit der Brotkruste vermengen.

KOKOSMAKRELE MIT SÜSSKARTOFFELN

Die Kokosmilch verleiht diesem südostasiatisch angehauchten Gericht einen leicht süßen, nussigen Geschmack.

Öl zum Einfetten
1 kg Süßkartoffeln, in 1 cm dicken Scheiben
125 g frischer Spinat, grob gezupft
750 g Makrelenfilets ohne Haut
400 g Kokosmilch
300 ml Wasser
schwarzer Pfeffer

zum Servieren (nach Belieben)
gedünstete Erbsen oder grüne Bohnen
gegrillte rote und gelbe Paprika

• Wer den asiatischen Geschmack noch verstärken möchte, fügt 1 zerdrückten Stängel Zitronengras, ein geschältes und geriebenes 2,5-cm-Stück Ingwerwurzel und ¼ Teelöffel gemahlenen Kreuzkümmel hinzu.
• Kokos enthält recht viele gesättigte Fettsäuren. Versuchen Sie daher, den Verzehr anderer Lebensmittel mit vielen gesättigten Fettsäuren (Fleisch, Butter, Käse etc.) am Tag der Zubereitung, einzuschränken.

Den Boden eines Bräters mit Öl bestreichen. Die Süßkartoffelscheiben darauf verteilen, den Spinat darübergeben und die Makrelen obenauf legen. Alles leicht mit Pfeffer würzen, dann Kokosmilch und Wasser zugießen.

Die Flüssigkeit auf dem Herd langsam zum Kochen bringen. Anschließend den Bräter abdecken und das Gericht etwa 1 Stunde in einen auf 180 °C vorgeheizten Backofen geben, bis die gesamte Flüssigkeit absorbiert ist und die Kartoffeln gar sind. Nach 45 Minuten Garzeit überprüfen, ob noch genügend Flüssigkeit im Bräter ist; falls nicht, noch etwas Wasser nachgießen, ansonsten könnten die Kartoffeln am Bräterboden anbrennen.

Das fertige Gericht mit einer Gemüsebeilage nach Wahl servieren.

NÄHRWERTBONUS

• Kinder lieben das leicht süßliche Aroma von Kokos und Süßkartoffeln; falls sie ansonsten nicht gerne Fisch essen, kann sie dieses Rezept vielleicht auf den Geschmack bringen.
• Die fettreiche Makrele enthält viele wertvolle Omega-3-Fettsäuren, die den hohen Gehalt an gesättigten Fettsäuren in der Kokosmilch ausgleichen.

VARIATIONEN FÜR SÄUGLINGE

4–6 Monate Nicht geeignet. Füttern Sie stattdessen mit etwas Milch oder Wasser verdünnten Süßkartoffelbrei.
6–12 Monate Eventuelle Gräten sorgfältig entfernen und das Gericht mit etwas Milch oder Wasser pürieren. Wenn das Kind bereits kauen kann, die einzelnen Zutaten in mundgerechte Stücke schneiden und, falls erforderlich, mit etwas Milch oder Wasser aufweichen.

HÄHNCHENTOPF

Ein Eintopf wie dieser lässt sich leicht zubereiten: Einmal im Backofen brauchen Sie sich nicht mehr darum zu kümmern, bis er gar ist. Die köstlichen Aromen, mit denen er Ihre Küche füllt, regen unterdessen den Appetit der ganzen Familie an.

4 große oder 8 kleine Hähnchenteile
2 EL Mehl
2 EL Maiskeim- oder Rapsöl
2 Porreestangen, gehackt
2 Karotten, in Scheiben
1–2 Knoblauchzehen, zerdrückt
3–4 weiße Rüben, in 2 cm großen Würfeln
2 EL kleine rote Linsen
2 TL frisch gehackte gemischte Kräuter oder 1 TL getrocknete
1 l Hühnerbrühe (S. 84) oder Wasser
schwarzer Pfeffer
75 g Schlagsahne oder Crème fraîche (nach Belieben)

zum Servieren
gekochter Reis, vorzugsweise Naturreis, oder gebackene Süßkartoffeln
gekochte Erbsen

- Der Hähnchentopf lässt sich gut einfrieren. Bereiten Sie am besten gleich die doppelte Menge zu und frieren Sie den Rest für später ein.
- Für eine fettreduzierte Variante die Hähnchenteile häuten und auf Sahne oder Crème fraîche verzichten.

Die Hähnchenteile im Mehl wenden, bis sie rundum gleichmäßig davon überzogen sind; überschüssiges Mehl abschütteln.

Das Öl in einem Bräter erhitzen. Porree und Karotten darin 7–8 Minuten unter gelegentlichem Rühren weich dünsten. Anschließend mit einem Schaumlöffel aus dem Bräter heben und beiseite stellen.

Nun die Hähnchenteile zusammen mit dem Knoblauch in den Bräter geben und 8–10 Minuten rundum anbraten.

Rüben, Linsen, Kräuter und Pfeffer zufügen und das gedünstete Gemüse in den Bräter zurückgeben. Brühe oder Wasser zugießen und zum Kochen bringen.

Den Bräter abdecken und das Gericht etwa 75 Minuten in einen auf 180 °C vorgeheizten Backofen stellen. Dann herausnehmen und nach Belieben Sahne oder Crème fraîche einrühren.

Das fertige Gericht mit Reis oder Süßkartoffeln und Erbsen servieren.

NÄHRWERTBONUS

- Ein Eintopf wie dieser versorgt Ihre Familie mit mehr Gemüse als eine übliche Mahlzeit. Darüber hinaus nimmt das Gemüse während des Garens das Aroma des Hähnchens an, was es für Kinder unter Umständen schmackhafter macht.
- Linsen helfen, den Eintopf zu binden. Außerdem enthalten sie komplexe Kohlenhydrate, die uns langsam aber stetig mit Energie versorgen.

VARIATIONEN FÜR SÄUGLINGE

Alle Knochen entfernen. Nur ungesalzene Brühe verwenden.
4–6 Monate Das Mehl weglassen. Etwas gekochte Karotte oder Rübe mit ein wenig Milch oder Wasser pürieren. Säuglinge über 5 Monate können zusätzlich ein wenig mit Kochsud püriertes Hähnchen erhalten.
6–10 Monate Ein wenig Gemüse und Fleisch mit Kochsud pürieren. Sobald das Kind kauen kann, das Fleisch fein hacken, das Gemüse mit einer Gabel zerdrücken und alles mit etwas Sud vermengen.
10–12 Monate Die einzelnen Zutaten in mundgerechte Stücke schneiden.

RISI BISI MIT HUHN

2 große Hähnchenbrustfilets
25 g Butter
1 EL Oliven- oder Rapsöl
1 Zwiebel, gehackt
1 Knoblauchzehe, zerdrückt
400 g Arborio- oder anderer Risotto-Reis (vorzugsweise Naturreis)
1,2 l selbst gemachte heiße Gemüsebrühe (S. 51) oder Hühnerbrühe (s.u.)
150 g Zuckererbsen, diagonal in 2,5 cm lange Stücke geschnitten
50 g Parmesan oder Gouda, gerieben (nach Belieben)

• Für einen klassischen Risotto die Brühe portionsweise zufügen, und zwar die neue Portion immer dann zufügen, wenn der Reis die vorherige vollständig absorbiert hat; dabei ständig rühren. Die hier vorgestellte Methode ist einfacher, führt aber zu einem ähnlichen Ergebnis.

In Venedig werden Sie *Risi e Bisi* auf fast jeder Speisekarte finden. Mit Huhn gemischt wird es kaum ein Kind verschmähen. Versuchen Sie es aber auch einmal mit gehackten Karotten, Brokkoli, dicken Bohnen und Mais.

Das Fleisch in kleine Stücke schneiden. Die Butter mit dem Öl in einem großen Topf zerlassen. Das Fleisch darin etwa 5 Minuten bei geringer Hitze braten, bis es gar ist; dann mit einem Schaumlöffel aus dem Topf heben.

Zwiebel und Knoblauch in den Topf geben und 2 Minuten dünsten. Den Reis zufügen und etwa 1 Minute unter Rühren mitdünsten, bis er rundum mit der Zwiebelmischung überzogen ist.

Etwa 1 Kelle Brühe zugießen und den Reis darin unter Rühren kochen, bis er die Flüssigkeit absorbiert hat. Zwei Drittel der restlichen Brühe zugießen und ebenfalls unter Rühren absorbieren lassen. Kurz bevor der Reis gar ist und die zweite Portion Brühe aufgesogen hat, das Fleisch mit den Zuckererbsen und der restlichen Brühe in den Topf zurückgeben.

Alles weitere 5 Minuten unter Rühren kochen, bis der Reis gar ist. Falls der Reis trockenkocht bevor er gar ist, etwas mehr Brühe zugießen. Vor dem Servieren den Käse unter den Risotto rühren

NÄHRWERTBONUS

• Die Kombination von Huhn, Reis und Erbsen enthält viele Proteine, reichlich Vitamin B und liefert langanhaltende Energie.
• Naturreis enthält dreimal so viele Ballaststoffe, zweimal soviel Zink und sechsmal soviel Magnesium wie polierter Reis.

VARIATIONEN FÜR SÄUGLINGE

4–6 Monate Nicht geeignet.
6–12 Monate Das Gericht für jüngere Kinder pürieren. Ab etwa 10 Monate können die Kleinen das Fleisch auch kauen, wenn Sie es sehr fein aufschneiden.

HÜHNERBRÜHE

1 kleines Suppenhuhn oder 4 Hähnchenteile mit 1 geviertelten Zwiebel, 2 grob gehackten Karotten, 1 grob gehackten Selleriestange, 1 Knoblauchzehe und etwas Pfeffer in einen Topf geben, mit Wasser abdecken und 90 Minuten (bei Hähnchenteilen 60 Minuten) kochen. Anschließend durch ein Sieb seihen und wie gewünscht verwenden. Zur leichten Entnahme kleiner Mengen, die Brühe in einer Eiswürfelschale tiefkühlen; größere Portionen in eine Gefrierbox einfrieren.

TEIGTASCHEN MIT HUHN UND GEMÜSE

Teigtaschen mögen gerade Kinder sehr gern. Sollte etwas übrig bleiben, können Sie Ihrem Kind am nächsten Tag die Reste als Pausenbrot mit auf den Weg geben.

für 10 Taschen
2 große Hähnchenbrustfilets
50 g Butter
1 große Porreestange
150 g Karotten, in dünnen Scheiben
2 TL Mehl
200 ml Hühnerbrühe, vorzugsweise selbst gemacht (S. 84)
100 g grüne Bohnen, in kurzen Stücken
4 EL Schlagsahne
175 g küchenfertiger Filo-Teig
Kartoffelpüree und gedünstete Karotten oder Tomatensalat zum Servieren

Das Fleisch in kleine Würfel schneiden. 25 g Butter in einer großen Pfanne zerlassen. Das Fleisch darin 3 Minuten braten, bis es leicht gebräunt ist. Porree und Karotten zufügen und 3 Minuten mitbraten, bis der Porree zusammenfällt. Dann das Mehl unterrühren.

Die Brühe mit den Bohnen zugeben und unter Rühren aufkochen. Den Topf abdecken und die Füllung 5 Minuten köcheln lassen. Dann die Sahne einrühren und alles abkühlen lassen.

Die restliche Butter zerlassen. Den Teig in 30 Quadrate mit einer Seitenlänge von je 13 cm aufschneiden. Ein Quadrat leicht mit Butter bestreichen, ein zweites darauflegen und ebenfalls mit Butter bestreichen. Schließlich ein drittes Quadrat obenauf legen und die Ränder mit Butter bestreichen. Etwa 1 Esslöffel Füllung in die Mitte des Quadrats geben und die Teigenden über der Füllung zusammenklappen. Diesen Vorgang mit dem restlichen Teig und der verbliebenen Füllung wiederholen.

Die so vorbereiteten Teigtaschen auf ein leicht gefettetes Backblech legen, mit der restlichen Butter bestreichen und 15–20 Minuten in einem auf 200 °C vorgeheizten Backofen goldbraun backen. Anschließend mit Gemüse oder Salat servieren.

NÄHRWERTBONUS

• Das Gemüse in jeder einzelnen Tasche zählt als 1 der 5 täglich empfohlenen Portionen Obst und Gemüse.

VARIATIONEN FÜR SÄUGLINGE

4–6 Monate Nicht geeignet. Füttern Sie stattdessen einen mit Milch oder Wasser verdünnten Brei aus Karotten, Porree und/oder grünen Bohnen.
6–12 Monate Die Taschen für kleinere Kinder pürieren, für Kinder ab 10 Monate, die bereits kleinere Fleischstücke kauen können, in mundgerechte Stücke schneiden.

• Die Taschen lassen sich sehr gut einfrieren. Einfach ungebacken in einer fest verschließbaren Gefrierbox ins Tiefkühlfach geben und bei Bedarf entweder über Nacht im Kühlschrank oder 2–3 Stunden bei Zimmertemperatur auftauen. Dann wie beschrieben backen.

MARINIERTE SPARERIBS

Leicht süßlich marinierte, saftige Sparibs schmecken köstlich, vor allem, wenn man sie zum Essen auf die Hand nimmt. Legen Sie also unbedingt Servietten bereit! Bei gutem Wetter können die Rippchen auch auf dem Holzkohlegrill zubereitet werden.

2 EL Tomatenmark oder Tomatenketchup, vorzugsweise selbst gemacht (S. 36)
2 EL Gelee von roten Johannisbeeren
2 TL Sojasauce (nach Belieben)
2 TL frisch gehackter Salbei oder frisch gehackte Petersilie
2 Knoblauchzehen, zerdrückt
8 große Schälrippchen vom Schwein
schwarzer Pfeffer

zum Servieren
Folienkartoffel oder Naturreis
grünes Gemüse oder Salat

Tomatenmark oder Ketchup, Johannisbeergelee, Soja-Sauce (falls verwendet), Salbei oder Petersilie, Knoblauch und Pfeffer in einer großen, flachen Schale vermengen. Die Rippchen zufügen und rundum in der Marinade wenden. Die Schale mit Frischhaltefolie abdecken und die Rippchen mindestens 1 Stunde, besser aber über Nacht im Kühlschrank marinieren.

Die Rippchen mit der gesamten Marinade in einen Bräter geben und 40–45 Minuten in einem auf 180 °C vorgeheizten Backofen garen, bis sie durchgegart sind; überschüssiges Fett abgießen.

Die fertigen Spareribs noch heiß mit Kartoffeln oder Reis und Gemüse oder Salat servieren.

NÄHRWERTBONUS

• Schweinefleisch ist reich an Vitamin B (für starke Nerven) und Zink (für ein stabiles Immunsystem und gesunde Haut).

VARIATIONEN FÜR SÄUGLINGE

Nicht geeignet. Für alternative Beikost vgl. S. 16–19.

• Falls die Rippchen sehr fettig sind, sollten Sie darauf achten, dass Ihre Familie für den Rest des Tages nur noch wenige fettreiche Speisen – vor allem wenig gesättigte Fettsäuren – zu sich nimmt.

WÜRSTCHEN IM SCHLAFROCK

Wurst und Teig werden bei diesem Gericht mit nahrhaftem Wurzelgemüse kombiniert. Das Gemüse wird zuvor im Ofen geröstet, damit es seinen vollen süßlich-erdigen Geschmack entfalten kann.

375 g Rote Beete, geschrubbt oder Steckrüben, geschält
2 Karotten
2 Zwiebeln, geviertelt
3 EL Maiskeim- oder Rapsöl
8 Würstchen
8 Scheiben durchwachsener Speck
125 g Mehl
1 Ei
300 ml Milch
Salz (nach Belieben) und schwarzer Pfeffer

zum Servieren (nach Belieben)
Erbsen oder Kohl
Gebackene Bohnen

Rote Bete oder Rüben in 4 cm große Stücke schneiden, mit den Zwiebeln in einen flachen Bräter geben und mit dem Öl beträufeln. Das Gemüse rundum im Öl wenden und 25 Minuten in einem auf 190 °C vorgeheizten Backofen rösten.

Unterdessen die Würstchen mehrmals mit einer Gabel einstechen und mit je einer Scheibe Speck umwickeln.

Die Würstchen zum Gemüse in den Bräter geben. Alles noch einmal gründlich im Öl wenden und weitere 10 Minuten rösten.

Inzwischen das Mehl für den Teig in eine Schüssel geben. Das Ei, die Hälfte der Milch, 1 Prise Salz (falls verwendet) und Pfeffer zugeben und unterrühren. Anschließend die restliche Milch einarbeiten.

Würstchen und Gemüse erneut wenden und gleichmäßig im Bräter verteilen. Den Teig zugießen und alles weitere 40 Minuten backen, bis der Teig gut aufgegangen und knusprig ist.

Das fertige Gericht nach Belieben mit Erbsen oder Kohl und gebackenen Bohnen servieren.

NÄHRWERTBONUS

- Milch enthält reichlich Kalzium (für starke Knochen und Zähne) und viele Proteine (für Wachstum und Wundheilung).
- Mit diesem Gericht erhalten auch Kinder, die ansonsten nur ungern Gemüse essen, alles, was sie brauchen.

VARIATIONEN FÜR SÄUGLINGE

4–6 Monate Nicht geeignet. Füttern Sie stattdessen mit etwas Milch oder Wasser verdünnten Karotten- oder Rübenbrei.

6–12 Monate Salz und Speck weglassen, ebenso die Würstchen, sofern keine ungesalzenen erhältlich sind. Gemüse und Teig mit etwas Milch oder Wasser pürieren. Wenn das Kind bereits kauen kann, das Gericht in mundgerechte Stücke schneiden und, falls erforderlich, mit ein wenig Milch oder Wasser einweichen.

- Kaufen Sie nur hochwertige Würstchen vom Metzger und probieren ruhig Sie verschiedene Geschmacksrichtungen aus.
- Für eine vegetarische Variante die Würstchen weglassen und mehr Gemüse verwenden. Eventuell noch Pastinaken und Porree zufügen.

COUSCOUS

Der aus Grieß gewonnene Couscous wird traditionell über dem nach ihm benannten Lammfleisch-Gemüse-Eintopf gedämpft. Couscous ist in seiner Heimat Marokko und vielen anderen nordafrikanischen Ländern sehr beliebt.

125 g getrocknete Kichererbsen, über Nacht in kaltem Wasser eingeweicht
500 g Lammnacken ohne Knochen, sichtbares Fett entfernt
2 EL Olivenöl
2 Gemüsezwiebeln, geviertelt
1 Prise Safranpulver
1 Prise Ingwerpulver (nach Belieben)
1 Prise Zimt (nach Belieben)
600 ml Wasser
500 g Couscous (kein Instant-Produkt)
4 Tomaten, geviertelt
375 g Kürbis, in 2,5 cm großen Würfeln
3 Karotten, in 1 cm dicken Scheiben
2 Zucchini, in 1 cm dicken Scheiben
50 g Rosinen
schwarzer Pfeffer
25 g Butterflocken (nach Belieben)

Die Kichererbsen abgießen und 1 Stunde in leicht köchelndem Wasser garen. Inzwischen einen gelochten Dämpfeinsatz mit Musselin auslegen und das Fleisch in 2,5 cm große Würfel schneiden. Öl, Kichererbsen, Fleischwürfel, Zwiebeln und Gewürze in den unteren Teil des Dampfgartopfs geben. Das Wasser zufügen und aufkochen. Dann alles abgedeckt 1 Stunde köcheln lassen.

Unterdessen den Couscous in ein feinmaschiges Sieb geben und gründlich abspülen. Anschließend 15 Minuten in einer flachen Schale quellen lassen; eventuelle Klümpchen, die sich dabei bilden, mit den Fingern zerdrücken.

Den gequollenen Couscous in den vorbereiteten Dämpfeinsatz geben und diesen über den Eintopf in den Dampfgartopf hängen. Den Topf nicht mehr abdecken. Alles 20 Minuten köcheln lassen, dann den Dampfeinsatz entfernen. Fleisch und Gemüse erneut abdecken und weitere 20 Minuten garen.

Unterdessen den Couscous mit 300 ml kaltem Wasser in die flache Schale zurückgeben; Klümpchen, die sich dabei bilden, mit den Fingern zerdrücken.

Tomaten, Kürbis, Karotten, Zucchini und Rosinen unter den Eintopf rühren. Den Couscous abermals in den Dämpfeinsatz geben und über den Eintopf hängen. Den Topf nicht abdecken und alles weitere 30 Minuten garen; unterdessen, falls erforderlich, etwas mehr Wasser an den Eintopf geben.

Zum Servieren den Couscous auf eine große Platte geben. Die Butter (falls verwendet) mit einer Gabel unterheben. In die Mitte des Couscous eine Vertiefung drücken und den Eintopf hineinfüllen.

• Statt getrockneter Kichererbsen können Sie auch abgetropfte aus der Dose sowie frische oder tiefgekühlte dicke Bohnen verwenden. Geben Sie diese Zutaten zusammen mit den Karotten und dem restlichen Gemüse an den Eintopf.

NÄHRWERTBONUS

• Coucous enthält viele komplexe Kohlenhydrate. Der nach ihm benannte Eintopf liefert einen Großteil der täglich empfohlenen Gemüsemenge.

VARIATIONEN FÜR SÄUGLINGE

4–6 Monate Nicht geeignet. Füttern Sie stattdessen etwas mit Sud, Milch oder Wasser verdünnten Karotten- und/oder Kürbisbrei. Kinder ab 5 Monaten können zusätzlich etwas püriertes Lammfleisch erhalten.

6–12 Monate Das Gericht pürieren oder, falls das Kind bereits kauen kann, in mundgerechte Stücke schneiden. Couscous am besten mittags füttern, da die enthaltenen Kichererbsen Blähungen verursachen können.

HACKFLEISCHZAUBER

1 Zwiebel, grob gehackt
2 mittelgroße Karotten, grob gehackt
2 Selleriestangen, grob gehackt
2 Zucchini, grob gehackt
4 EL Olivenöl
500 g mageres Hackfleisch vom Lamm, Rind oder Schwein
2 Knoblauchzehen, zerdrückt
2–3 TL Paprikapulver
300 ml Hühnerbrühe, vorzugsweise selbst gemacht (S. 84)
400 g Kichererbsen aus der Dose, abgespült und abgetropft (s. Tipp)
100 g Backpflaumen, gehackt

zum Servieren
Nudeln, Couscous, Reis oder Kartoffelpüree
Brokkoli, Kohl oder grüne Bohnen

- In Salzlake eingelegte Hülsenfrüchte sind für Säuglinge ungeeignet. Verarbeiten Sie, falls keine ungesalzenen Konserven erhältlich sind, nur getrocknete Kichererbsen, Linsen oder Kidney-Bohnen.

Für dieses Gericht wird mild gewürztes Hackfleisch mit Backpflaumen und Kichererbsen verfeinert. Wer mag, kann die Pflaumen allerdings auch durch getrocknete Aprikosen oder Rosinen und die Kichererbsen durch Linsen oder Kidney-Bohnen ersetzen. Dieses Gericht, das übrigens auch ausgesprochene Gemüsehasser überzeugen wird, kann man hervorragend einfrieren – machen Sie also ruhig die doppelte Menge.

Zwiebel, Karotten und Sellerie in der Küchenmaschine fein hacken. Die Zucchini separat auf dieselbe Weise verarbeiten.

Nun 2 Esslöffel Öl in einem großen Topf erhitzen. Das Gemüse darin 5 Minuten unter Rühren braten; dann mit einem Schaumlöffel aus dem Topf heben. Das restliche Öl in den Topf geben, Hackfleisch und Knoblauch zufügen und ebenfalls 5 Minuten braten.

Das gebratene Gemüse zusammen mit Paprika, Brühe, Kichererbsen und Pflaumen in den Topf zurückgeben. Die Brühe aufkochen, den Topf abdecken und den Inhalt etwa 30 Minuten sanft köchlen lassen, bis die Flüssigkeit fast eingekocht ist.

Den fertigen Hackfleischzauber mit den gewählten Beilagen servieren.

NÄHRWERTBONUS

- Kichererbsen enthalten komplexe Kohlenhydrate, die Ihr Kind langanhaltend mit Energie versorgen.
- Die Backpflaumen verleihen dem Gericht einen leicht süßlichen Geschmack und wirken vorbeugend gegen Verstopfung.

VARIATIONEN FÜR SÄUGLINGE

Verwenden Sie vorzugsweise getrocknete Kichererbsen, Bohnen oder Linsen für dieses Gericht. Konserven enthalten normalerweise immer Salz.

4–6 Monate Nicht geeignet.

6–12 Monate Das Gericht für kleinere Babys pürieren. Kann das Kind bereits kauen, das Gemüse, falls erforderlich, in mundgerechte Stücke schneiden.

GERSTENEINTOPF

Gerste wird in der modernen Küche nur selten verwendet, ist aber äußerst nahrhaft. Auch Graupen werden oft aus Gerste hergestellt, allerdings handelt es sich hierbei um polierte Gerste, die fast keinerlei Ballaststoffe, Proteine, B-Vitamine, Kalzium und Eisen mehr enthält. Unpolierte Gerste ist nicht nur nahrhafter, sie schmeckt auch kräftiger als die kleinen Graupen und verleiht jedem Gericht einen körnigen Biss.

- 375 g Gerste, am besten 6–8 Stunden in kaltem Wasser eingeweicht
- 50 g Butter
- 250 g Frühstücksspeck, in Streifen (nach Belieben)
- 4–6 Frühlingszwiebeln, gehackt
- 2 Karotten, gehackt
- 3–4 Babymaiskolben, in Scheiben
- 50 g grüne Bohnen, in kurzen Stücken
- 2 TL körniger Senf (nach Belieben)
- schwarzer Pfeffer
- 1 EL Zuckersirup (nach Belieben)
- 2 TL gemischte getrocknete Kräuter
- 300 ml Hühnerbrühe, vorzugsweise selbst gemacht (S. 84)
- etwa 600 ml Wasser
- Wirsing oder anderer Kohl, gedünstet, zum Servieren

Die Butter in einem Bräter zerlassen. Speck (falls verwendet), Frühlingszwiebeln und Karotten darin 5 Minuten unter Rühren dünsten.

Gerste, Babymais, Bohnen, Senf (falls verwendet) und Pfeffer einrühren und alles weitere 2 Minuten dünsten.

Sirup (falls verwendet), Kräuter, Brühe und Wasser zufügen. Die Flüssigkeit aufkochen, den Bräter abdecken und den Eintopf 90 Minuten in einem auf 180 °C vorgeheizten Backofen garen. Unterdessen regelmäßig überprüfen, ob noch ausreichend Flüssigkeit im Bräter ist; sollte die Mischung zu trocken sein, etwas Wasser zugießen.

Den fertigen Eintopf mit gedünstetem Kohl servieren.

NÄHRWERTBONUS

• Die in der Gerste vorhandenen Ballaststoffe senken den Cholesterinspiegel und halten den Blutzuckerspiegel mehrere Stunden lang konstant. Außerdem enthält Gerste Proteine (für Wachstum und Wundheilung), B-Vitamine (für gute Nerven), Kalzium (für starke Knochen und Zähne) sowie Eisen (für die Bildung roter Blutkörperchen).

• Die in der Gerste enthaltenen Protease-Inhibitoren hemmen darüber hinaus die Vermehrung von Viren.

VARIATIONEN FÜR SÄUGLINGE

Den Speck weglassen, bei älteren Säuglingen kann er durch Geflügel oder Lammfleisch ersetzt werden. Nur ungesalzene Brühe verwenden.

4–6 Monate Den Senf weglassen. Ein wenig gekochte Gerste pürieren und mit Milch oder Wasser verdünnen. Babys ab 5 Monate können stattdessen oder zusätzlich etwas püriertes Geflügel erhalten.

6–10 Monate Nur 1 Teelöffel Senf verwenden. Das Gericht mit etwas Milch oder Wasser pürieren oder die gekochte Gerste pur füttern.

10–12 Monate Falls statt Speck Lamm oder Geflügel verwendet wird, dieses in kleine Stücke schneiden.

SPINAT-RICOTTA-PASTETE

500 g frischer Spinat
375 g Ricotta
1 EL geriebener Parmesan oder Gouda
1 Prise frisch geriebene Muskatnuss
250 g küchenfertiger Blätterteig, Tiefkühlware aufgetaut
1 Ei, verquirlt zum Bestreichen
Salz (nach Belieben) und Pfeffer
Grilltomaten (s. Tipp), pürierte Karotten, pürierte Steckrüben oder Blattsalat, zum Servieren (nach Belieben)

• Wer Zeit hat, macht Streifen oder kleine Karos aus den Teigresten und dekoriert die Pastete damit, bevor sie in den Ofen kommt.
• Als Beilage eigenen sich gut Grilltomaten: Dazu einige Tomaten halbieren und mindestens 15 Minuten mit der Pastete in den Ofen geben.

Spinat und Ricotta werden gern miteinander kombiniert. Kindern schmeckt diese Mischung besonders gut. Der Ricotta nimmt den leicht herben Geschmack des Spinats etwas zurück, so dass ihn auch all jene gerne essen, die Spinat ansonsten eher verschmähen. Die Verwendung von küchenfertigem Blätterteig trägt dazu bei, dass sich die außergewöhnlich köstliche Pastete problemlos und rasch zubereiten lässt.

Den Spinat dämpfen oder etwa 3 Minuten mit wenig Wasser in einem Topf erhitzen, bis er zusammenfällt. Anschließend gut abtropfen lassen.

Spinat, Ricotta, Käse, Salz (falls verwendet), Pfeffer und Muskat in einer Schüssel gründlich mischen. Dann in eine leicht eingefettete Auflaufform (ca. 1,2 Liter Inhalt) geben.

Den Rand der Form mit etwas Wasser befeuchten. Den Teig auf einer leicht bemehlten Arbeitsfläche ausrollen und die Auflaufform damit abdecken. Stark überstehende Teigränder abschneiden. Anschließend den Teig am Rand der Form festdrücken, mehrmals mit einer Gabel einstechen und mit dem verquirlten Ei bestreichen.

Die so vorbereitete Pastete 35–40 Minuten in einem auf 190 °C vorgeheizten Backofen goldbraun backen und mit einer Beilage nach Wahl servieren.

NÄHRWERTBONUS

• Diese Pastete liefert reichlich Kalzium und viele Proteine (für starke Knochen und Zähne, gesunde Nerven und ein gutes Wachstum) sowie Beta-Carotin (für ein intaktes Immunsystem, eine gute Sehkraft und zur Krebsvorsorge).

VARIATIONEN FÜR SÄUGLINGE

4–6 Monate Nicht geeignet. Füttern Sie stattdessen mit Milch oder Wasser verdünnten Karottenbrei.

6–12 Monate Das Salz weglassen und Gouda statt des stärker gesalzenen Parmesan verwenden. Selbst gemachten Teig verwenden (es muss kein Blätterteig sein), da Fertigprodukte immer Salz enthalten. Die Pastete mit etwas Milch oder Wasser pürieren. Wenn das Kind bereits kauen kann, reicht es, das Gericht mit etwas Milch oder Wasser zu verdünnen.

PAPRIKA-AMPEL

Die gefüllten, bunten Paprikahälften sehen sehr appetitlich aus. Oft werden dreifarbige Paprika bereits zusammen gepackt angeboten. Polenta ist in gut sortierten Lebensmittelgeschäften oder im Reformhaus erhältlich. Das gelegentlich auch als Maisgrieß bezeichnete Getreide wird auch als Schnellkochvariante angeboten.

750 ml selbst gemachte Hühnerbrühe (S. 84), Gemüsebrühe (S. 51) oder Wasser
1 Prise Salz (nach Belieben)
250 g Polenta
6 bunte Paprika (rot, gelb und grün), halbiert
250 g Mozzarella, in dünnen Scheiben
Salz (nach Belieben) und Pfeffer
Parmesan, gerieben zum Bestreuen (nach Belieben)

zum Servieren
Blumenkohl, Brokkoli oder Spinat
knuspriges Vollkornbrot

- In Brühe gekochte Polenta schmeckt deutlich besser als solche, die nur in Wasser gegart wurde. Bereiten Sie am besten die doppelte Menge zu. Die Reste können Sie über Nacht im Kühlschrank lagern und am nächsten Tag zu kleinen Fladen formen. Diese schmecken gegrillt, gebacken oder gebraten als Beilage zu Fleisch und Gemüse oder pur mit frischer Tomatensauce.

Brühe und Salz (falls verwendet) in einen Topf geben und aufkochen. Dann die Polenta einstreuen und glatt rühren. Etwas Pfeffer zufügen und die Polenta 25–30 Minuten unter ständigem Rühren zu einem festen Brei verarbeiten.

Die Paprikahälften mit der Schnittfläche nach oben auf ein gefettetes Backblech legen und mit der Polenta füllen. Das so vorbereitete Gemüse 45 Minuten in einem auf 180 °C vorgeheizten Backofen backen.

Die Paprikahälften mit den Mozzarellascheiben belegen und mit dem Parmesan bestreuen. Anschließend weitere 5 Minuten backen, bis der Käse geschmolzen ist.

Die fertigen Paprikahälften auf Teller anrichten – je eine rote, gelbe und grüne pro Teller – und mit Gemüse nach Wahl sowie Brot servieren.

NÄHRWERTBONUS

- Die in der Polenta enthaltenen komplexen Kohlenhydrate garantieren eine langanhaltende Energieversorgung.
- Polenta ist auch für Menschen mit einer Glutenunverträglichkeit bekömmlich, die auf viele andere Getreidesorten, wie Gerste, Roggen und Weizen, verzichten müssen.

VARIATIONEN FÜR SÄUGLINGE

Das Salz weglassen.

4–6 Monate Ausschließlich gekochte Polenta füttern. Babys, die bereits mit dem Kombinieren von Lebensmitteln vertraut sind, können gleichzeitig etwas pürierten Blumenkohl oder Brokkoli erhalten.

6–12 Monate Das Gericht pürieren oder für Kindern, die bereits kauen können, in mundgerechte Stücke schneiden und vor dem Verzehr mit etwas Milch oder Wasser aufweichen.

Desserts

Das schlichteste und gesündeste Dessert stellen frische Früchte dar. Wenn sie reif und mühelos zu essen sind, finden Kinder in der Regel großen Gefallen an ihrem Verzehr. Eine weitere gesunde Dessertzutat ist Joghurt. Allerdings beschließen manche Kinder und Erwachsene eine Mahlzeit lieber mit etwas Herzhaftem, z. B. Käse. Wollen Sie hin und wieder einen besonderen Nachtisch zubereiten, dann wählen Sie eines der vielen köstlichen Desserts aus diesem Kapitel.

HIMBEERQUARK

Ihr kräftiges Rot und der intensive Geschmack machen Himbeeren zu einem überaus köstlichen Genuss. Manchmal sind sie bereits so süß, dass sie gar nicht mehr gezuckert werden müssen, im Normalfall benötigen sie allerdings immer ein wenig zusätzlichen Zucker (auf den Sie aber dennoch verzichten sollten, wenn Säuglinge mitessen).

für 6 Personen
200 g frische Himbeeren
2–3 EL Puderzucker, vorzugsweise unraffiniert
5 EL Schlagsahne
200 g Speisequark

Zunächst 25 g Himbeeren beiseite stellen. Den Rest in einem Mixer oder einer Küchemaschine pürieren. Das fertige Mus durch ein Sieb streichen, um die kleinen Kerne zu entfernen, anschließend mit Puderzucker abschmecken.

Die Sahne in einer Schüssel steif schlagen. Den Quark zufügen und unterrühren, dann das Himbeermus einarbeiten, bis eine glatte, dickflüssige Creme entsteht. Diese bei Bedarf erneut mit Zucker abschmecken.

Den Quark auf Portionsschalen verteilen und bis zum Verzehr kalt stellen. Kurz vor dem Servieren mit den beiseite gestellten Himbeeren dekorieren.

NÄHRWERTBONUS

- Himbeeren enthalten viele Ballaststoffe und Pflanzenfarbstoffe.
- Quark versorgt den Körper mit Proteinen und Kalzium.

VARIATIONEN FÜR SÄUGLINGE

4–6 Monate Nicht geeignet. Füttern Sie stattdessen einige durch ein Sieb gestrichene Himbeeren.

6–12 Monate Den Zucker weglassen. Eventuell scheiden die Kleinen einige der in den Beeren enthaltenen Kerne unverdaut über den Darm wieder aus. Machen Sie sich daher keine Sorgen, wenn Sie im Stuhl ihres Kindes Himbeerkerne entdecken.

- Für Kinder ab 2 Jahre kann statt Speise- auch Magerquark verwendet werden.
- Für eine geeiste Variante den fertigen Himbeerquark in kleinen Eis-am-Stiel-Formen einfrieren, die in gut sortierten Haushaltswarengeschäften erhältlich sind.

FRUCHTSPIESSE

Die kleinen Spieße sehen appetitlich aus; achten Sie allerdings darauf, dass Ihre Sprösslinge die spitzen Holzstäbchen nicht für einen improvisierten Schwertkampf zweckentfremden! Streifen Sie die Früchte am besten ab, bevor Sie sie Kindern unter 5 Jahren servieren. Ältere Kinder sollten Sie sorgfältig beaufsichtigen. Verwenden Sie für die Spieße Obst, das gerade erhältlich ist, und ermuntern Sie die Kinder dazu, sich eine eigene Auswahl zusammenzustellen.

eine Auswahl (4–6 Teile) von:

1 Tafelapfel, geviertelt
1 feste Birne, geviertelt
1 feste Banane, in 4 Stücken
8 große Backpflaumen ohne Stein
2 frische oder getrocknete Feigen, halbiert
2 Ananasscheiben, halbiert, frisch oder aus der Dose
1 fester Pfirsich, halbiert
2 Aprikosen, halbiert

Glasur

geriebene Schale und Saft von 1 Zitrone
2 EL Ahornsirup
2 EL Haselnuss- oder Walnussöl

Crème fraîche oder Naturjoghurt, zum Dippen

• Die Spieße können auch unglasiert gegrillt werden. Sie glänzen dann nicht so stark und schmecken nicht ganz so süß, enthalten dann aber auch keinen zusätzlichen Zucker in Form von Ahornsirup.

Sämtliche Zutaten für die Glasur in eine große Schüssel geben und mischen. Dann das vorbereitete Obst ebenfalls hineingeben und gut in der Glasurmischung wenden.

Die Fruchtstücke abwechselnd auf kurze Bambusspieße stecken. Die so vorbereiteten Spieße auf ein Backblech legen und 2–3 Minuten unter einem vorgeheizten Backofengrill bräunen. Dann vorsichtig wenden und weitere 2 Minuten von der anderen Seite grillen.

Die fertigen Spieße ein wenig abkühlen lassen, dann mit Crème fraîche oder Joghurt servieren.

NÄHRWERTBONUS

• Obst enthält antioxidativ wirkende Pflanzenfarbstoffe (die den Zellschutz fördern) und Ballaststoffe (die Verstopfung vorbeugen und einen gesunden Cholesterinspiegel fördern).
• Feigen enthalten dreimal soviel Kalzium wie andere Früchte und dazu reichlich Phosphor, der die Aufnahme des Kalziums unterstützt.

VARIATIONEN FÜR SÄUGLINGE

Das Obst vor dem Servieren von den Spießen streifen, und die Spieße von Babys und Kleinkindern fernhalten.
4–6 Monate Nicht geeignet. Füttern Sie stattdessen mit etwas Milch verrührtes Apfel-, Birnen, Pfirsich-, Aprikosen- oder Bananenmus.
6–9 Monate Füttern Sie gedämpfte Äpfel, Birnen, Pfirsiche, Aprikose oder Pflaumen oder mit etwas Fruchtsaft gesüßte rohe Birnen, Aprikosen, Pfirsiche oder Bananen. Das Obst pürieren, wenn das Kind noch nicht kauen kann. Es empfiehlt sich, Ihrem Kind als Beilage Joghurt anstelle von Crème fraîche zu reichen.
9–12 Monate Die oben genannten Früchte zerdrückt oder in mundgerechte Stücke geschnitten füttern oder auf die Hand geben.

FRISCHER OBSTSALAT

2 Orangen
1 Apfel, gewürfelt
1 Birne, gewürfelt
200 ml Apfelsaft
1–2 Bananen
Joghurt, Crème fraîche oder Eiscreme, zum Servieren

Obstsalat ist schnell und einfach zubereitet, Kinder essen ihn gern, und er hat das ganze Jahr hindurch Saison. Am besten bereiten Sie ihn mit erntefrischen Früchten aus Ihrer Region zu, da diese stets am besten schmecken. Das folgende Rezept soll Ihnen lediglich als Beispiel dienen.

Eine Orange schälen und in Spalten teilen, die zweite Orange auspressen. Saft und Fleisch der Orangen zusammen mit den restlichen Zutaten, abgesehen von der Banane, in einer großen Schüssel mischen.

Die Banane erst kurz vor dem Servieren in Scheiben schneiden und zum Salat geben, da sie sich rasch verfärbt.

Den fertigen Salat noch einmal mischen und mit Joghurt, Crème fraîche oder Eiscreme servieren.

VARIATIONEN

Melonen-Heidelbeer-Salat 1 kleine Melone vierteln, schälen, entkernen, klein schneiden und mit 175 g Heidelbeeren sowie 300 ml Apfelsaft verrühren.

Mango-Bananen-Salat 2 reife Mangos schälen, würfeln und anschließend mit 2 in Scheiben geschnittenen Bananen sowie 300 ml Apfel-Mango-Saft vermengen.

Birnen-Himbeer-Kiwi-Salat (s. Bild) 2 reife Birnen in Scheiben schneiden und mit 175 g Himbeeren 2 geschälten und in Scheiben geschnittenen Kiwis sowie 300 ml Fruchtsaft (z. B. Apfel-, Birnen-, Trauben- oder Ananassaft) mischen.

NÄHRWERTBONUS

• Frisches Obst enthält zahlreiche Pflanzenfarbstoffe sowie viel Vitamin C und andere Antioxidantien, die das Immunsystem stärken und den Körper gesund und leistungsfähig halten.

VARIATIONEN FÜR SÄUGLINGE

4–6 Monate Füttern Sie mit etwas Fruchtsaft verdünntes Birnen-, Bananen-, Melonen-, Heidelbeer- oder Mangomus oder einen Brei aus gedämpftem Apfel.

6–12 Monate Dem Kind, wenn es kauen kann, einzelne Obststücke auf die Hand geben oder vor dem Füttern in mundgerechte Stücke schneiden und mit etwas Fruchtsaft aufweichen.

GEEISTER MANGO-JOGHURT

für 8 Personen
100 g brauner Zucker
75 ml Wasser
2 Mangos von mittlerer Reife
Saft von 1 Zitrone
500 ml Naturjoghurt
Obstsalat zum Servieren (nach Belieben)

Dieser fruchtig-kühle Joghurt eignet sich hervorragend als erfrischendes Dessert oder als kleine Zwischenmahlzeit. Achten Sie beim Kauf der Mangos darauf, dass die Früchte unter Druck leicht nachgeben, dann haben sie die richtige Reife. Statt frischer Mangos können sie auch Mangofleisch aus der Dose oder reife Birnen verwenden.

Zucker und Wasser in einen kleinen Topf geben und sanft erhitzen, bis sich der Zucker gelöst hat. Dann abkühlen lassen.

Die Mangos halbieren, entsteinen und schälen. Das Fruchtfleisch grob zerkleinern und mit dem Zitronensaft in einem Mixer pürieren. Das fertige Püree in eine Schüssel geben.

Den abgekühlten Zuckersirup und den Joghurt zufügen und gut unterheben. Die Masse in eine flache Gefrierbox umfüllen und etwa 2 Stunden in den Gefrierschrank stellen, bis sie eingedickt und an den Rändern der Box gefroren ist.

Das angefrorene Eis in eine Schüssel füllen und aufschlagen, um die Eiskristalle zu verteilen. Dann wieder in die Gefrierbox geben und erneut mindestens 2 Stunden in den Gefrierschrank stellen, bis es fest ist.

Das Eis etwa 30 Minuten vor dem Servieren in den Kühlschrank stellen, damit es etwas aufweicht. Entweder pur oder zu Obstsalat reichen.

• Für ältere Kinder lässt sich aus der Joghurt-Mango-Masse auch Stieleis zubereiten. Dazu das angefrorene Eis nach dem Aufschlagen in spezielle Eis-am-Stiel-Formen, die in gut sortierten Haushaltswarengeschäften erhältlich sind, füllen und darin fertig gefrieren lassen. Zur Entnahme die Formen kurz mit heißem Wasser abspülen.

NÄHRWERTBONUS

• Mangos enthalten viel Beta-Carotin, Zitronensaft ist reich an Vitamin C und Joghurt liefert zahlreiche Proteine.

VARIATIONEN FÜR SÄUGLINGE

4–6 Monate Nicht geeignet. Füttern Sie stattdessen pürierte Mango.
6–12 Monate Zwar ist der Mangojoghurt nicht völlig ungeeignet, allerdings sollten Sie Säuglingen besser keine gezuckerten Speisen geben. Füttern Sie daher lieber mit Joghurt gemischtes Mangomus.

75 g Zucker
150 ml Wasser
1 kg rote oder violette Pflaumen
600 ml Vollmilch
4 Eier plus 4 Eigelb

• Eine weihnachtliche Würze erhält der Pudding, wenn Sie 4 Kardamomkapseln oder eine Prise Zimt an die Milch geben.
• Für einen völlig glatten Pudding, die gedämpften Pflaumen vor der Zugabe durch ein Sieb streichen, um die Schalen zu entfernen.
• Der Pudding schmeckt heiß, warm oder kalt. Wer eine feste Konsistenz bevorzugt, sollte mit dem Verzehr allerdings etwas warten, da die Milchmasse während des Abkühlens noch stockt.

GEBACKENER PFLAUMENPUDDING

Dieses farbenfrohe Dessert besticht gleich durch zwei Eigenschaften: die zarte Konsistenz der Milchcreme und dem vollen, kräftigen Aroma der Pflaumen. Darüber hinaus kann sie gut im Voraus zubereitet werden. Wer mag, kann statt der Pflaumen auch entsteinte Kirschen verwenden.

Zucker und Wasser in einem mittelgroßen Topf erhitzen, bis sich der Zucker gelöst hat.

Die Pflaumen zufügen, den Topf abdecken und alles unter gelegentlichem Rühren 5–7 Minuten sanft köcheln lassen, bis die Pflaumen weich sind. Dann die Hitze erhöhen und die Mischung kochen, bis das Wasser fast völlig verdampft ist. Von dem fertigen Pflaumenkompott 2 Esslöffel in einer kleinen Schale beiseite stellen.

Die Milch in einem großen Topf bis kurz vor dem Siedepunkt erhitzen. Unterdessen Eier und Eigelb in einer Schüssel verquirlen. Die heiße Milch unterschlagen und alles in eine Auflaufform (1,8 Liter Inhalt) füllen. Das Pflaumenkompott aus dem Topf zufügen.

Die Auflaufform in einen flachen Bräter stellen und so viel kochendes Wasser zugießen, dass die Form zur Hälfte davon umgeben ist. Die so vorbereitete Puddingmischung 45–50 Minuten in einen auf 170 °C vorgeheizten Backofen geben, bis die Milchcreme fest ist.

Den fertigen Pudding auf Portionsteller verteilen und mit je einem Klacks des beiseite gestellten Pflaumenkompotts dekorieren.

NÄHRWERTBONUS

• Eier enthalten viele Proteine sowie Vitamin A, B, D, E und Zink; gerade Vitamin B_{12}, an dem Vegetarier oft Mangel leiden, ist in Eiern reichlich enthalten.

VARIATIONEN FÜR SÄUGLINGE

4–6 Monate Nicht geeignet. Füttern Sie stattdessen gedämpfte Pflaumen, die zum Entfernen der Schale durch ein Sieb gestrichen werden.

6–12 Monate Die Pflaumen ohne zusätzlichen Zucker garen und durch ein Sieb streichen, bevor sie zur Milchcreme gegeben werden. Wenn das Kind kauen kann, nur auf den Zucker verzichten. Falls die Pflaumen ungezuckert zu sauer sind, den fertigen Pudding pro Portion mit 1 Esslöffel Apfelsaft verfeinern.

VANILLECREME MIT ERDBEERMUS

Saftig-süße Erdbeeren sind bei Jung und Alt gleichermaßen beliebt. Die Vanillecreme ist schnell und einfach zubereitet, machen Sie sie allerdings frühzeitig, denn sie benötigt einige Zeit, um abzukühlen. Statt frischer Erdbeeren können Sie auch frische oder tiefgekühlte Himbeeren verwenden.

4 Eier plus 1 Eigelb
2 EL Zucker
600 ml Milch
½ TL natürliches Vanilleextrakt (aus dem Reformhaus), ersatzweise 2–3 Tropfen Vanillearoma
250 g Erdbeeren

• Sie können das Dessert auch mit fertig gekaufter Vanillecreme zubereiten. Allerdings hat diese meist eine ganz andere Konsistenz als selbst gemachte und ist mit vielen Zusatzstoffen versetzt.

Eier, Eigelb, Zucker und 4 Esslöffel Milch in einer Schlagschüssel oder einer anderen hitzebeständigen Schüssel verquirlen.

Die restliche Milch in einem Topf handwarm erhitzen und unter ständigem Rühren unter die vorbereitete Eimasse schlagen. Anschließend die Schüssel über einen Topf mit köchelndem Wasser hängen. Die Milchcreme mit einem Holzlöffel so lange schlagen, bis sie eindickt, dann sofort vom Herd nehmen.

Die Creme in eine kalte Schüssel füllen und Vanilleextrakt oder -aroma unterrühren. Dann mit angefeuchtetem Wachspapier abdecken, damit sich keine Haut auf der Creme bildet, und abkühlen lassen.

Die Erdbeeren in einem Mixer pürieren und durch ein Sieb streichen, um die kleinen Kerne zu entfernen.

Die abgekühlte Vanillecreme mit je einem Klacks Erdbeermus servieren.

NÄHRWERTBONUS

• Milch enthält viele Proteine (für Wachstum und Wundheilung) und reichlich Kalzium (für starke Knochen, Zähne und Nerven).
• In Eiern sind viele Proteine und vor allem auch Vitamin B_{12} enthalten, weshalb sie für Kinder, die nur wenig Fleisch oder Fisch essen, besonders wertvoll sind.
• Erdbeeren sind reich an Vitamin C. Außerdem enthalten sie Pektine, spezielle Ballaststoffe, die der Gesunderhaltung der Arterien dienen und vor Viruserkrankungen schützen können.

VARIATIONEN FÜR SÄUGLINGE

4–6 Monate Füttern Sie lediglich pürierte Erdbeeren.
6–12 Monate Geeignet.

GEBACKENES OBST MIT STREUSELKRUSTE

Dieses köstliche Dessert besticht durch eine knusprige Kruste sowie die darunterliegende weiche und saftige Fruchtschicht. Die Kombination von Äpfeln und Mango schmeckt Kindern ganz besonders gut.

2 große Kochäpfel
1 Mango
Saft von 1 Zitrone
125–150 g Roh-Rohrzucker
200 g Mehl
1 TL Backpulver
25 g gemahlene Mandeln
75 g Butter, in Flöckchen
25–50 g Haferflocken
Vanillecreme, Vanilleeis oder Joghurt, zum Servieren

Äpfel und Mango schälen, in Scheiben schneiden, mit dem Zitronensaft mischen und mit 25–50 g Zucker abschmecken. Dann in eine eingefettete Auflaufform (1,8 Liter Inhalt) füllen.

Mehl, Backpulver und Mandeln in eine große Schüssel geben. Die Butterflocken mit den Fingerspitzen einarbeiten, bis eine feinkrümelige Mischung entsteht. Dann 75 g Zucker und die Haferflocken unterrühren.

Die so vorbereitete Streuselmischung über dem Obst in der Auflaufform verteilen und das Dessert etwa 30 Minuten in einen auf 180 °C vorgeheizten Backofen geben, bis die Streusel goldbraun geworden sind.

Das fertige Dessert mit Vanillecreme, Vanilleeis oder Joghurt servieren.

VARIATIONEN

Experimentieren Sie mit den verwendeten Früchten. Für dieses Rezept benötigen Sie insgesamt 500 g Obst. Nehmen Sie beispielsweise auch einmal Äpfel und Heidelbeeren, Äpfel und Johannisbeeren, Pflaumen oder Birnen und Bananen (wobei Sie bei der letztgenannten Kombination auf den zusätzlichen Zucker verzichten können).

NÄHRWERTBONUS

• Obst enthält viele antioxidativ wirkenden Vitamine (die den Zellschutz fördern) und Ballaststoffe (die Verstopfung vorbeugen und die Gesunderhaltung der Arterien unterstützen).

VARIATIONEN FÜR SÄUGLINGE

Nicht geeignet.

4–6 Monate Füttern Sie mit etwas Milch pürierten gedämpften Apfel.

6–9 Monate Füttern Sie gedämpftes Obst: Äpfel, mit Apfelsaft gesüßte Johannisbeeren oder durch ein Sieb gestrichene Pflaumen. Zerdrücken Sie das Obst, falls erforderlich, und reichen Sie Joghurt dazu.

9–12 Monate Wenn das Kind kauen kann, können Sie ihm auch kleine Stücke auf die Hand geben und etwas Joghurt als Dip dazu reichen.

FRUCHTIGER MILCHREIS

Die meisten Menschen halten Milchreis beeinflusst durch den künstlichen Geschmack der vielfach erhältlichen Fertigprodukte für eine eher fade Süßspeise. Diese Variante wird Sie allerdings begeistern. Das ursprünglich aus Dänemark stammende Dessert wird traditionell mit einer heißen Sauce aus Heidelbeeren, Pflaumen, Brom- oder Johannisbeeren serviert.

600 ml Vollmilch
125 g Langkornreis
50 g Zucker
1 TL natürliches Vanilleextrakt (aus dem Reformhaus), ersatzweise 5 Tropfen Vanillearoma
150 ml Schlagsahne (nach Belieben)

Fruchtsauce
500 g Heidelbeeren, Backpflaumen, Brombeeren, Himbeeren oder Johannisbeeren (oder eine Mischung daraus)
3 EL Wasser
15–25 g Zucker

- Gemischte Beeren sind auch als Tiefkühlware erhältlich.
- Statt mit frischem Obst, können Sie den Milchreis auch mit warm gemachtem Johannisbeergelee oder einer roten Marmelade ihrer Wahl, z. B. Kirsch- oder Himbeermarmelade, servieren.
- Verzichten Sie auf die Fruchtsauce und geben Sie vor dem Backen 50 g gehackte Trockenfrüchte, wie Aprikosen oder Feigen, an den Reis.

Die Milch in einem Topf aufkochen und in einen Auflaufform (1,8 Liter Inhalt) umfüllen. Den Reis einrühren und etwa 20 Minuten in einem auf 180 °C vorgeheizten Backofen garen, bis er die Milch vollständig aufgesogen hat. Zucker und Vanilleextrakt oder -aroma einrühren und abkühlen lassen. Die Sahne (falls verwendet) steif schlagen und unter den abgekühlten Reis heben. Den fertigen Milchreis im Kühlschrank erkalten lassen.

Für die Fruchtsauce das Obst mit Wasser und Zucker in einem Topf unter gelegentlichem Rühren 5 Minuten kochen, bis es weich ist.

Das fertige Dessert mit der noch heißen Fruchtsauce servieren.

NÄHRWERTBONUS

• Milch enthält viele Proteine (für Wachstum und Wundheilung) und reichlich Kalzium (für starke Knochen und Zähne sowie gesunde Nerven).

VARIATIONEN FÜR SÄUGLINGE

4–6 Monate Nicht geeignet. Füttern Sie stattdessen Reisflocken und/oder pürierte gedämpfte Heidelbeeren bzw. durch ein Sieb gedrückte gedämpfte Pflaumen.

6–12 Monate Den Reis ohne Zucker zubereiten und bei Bedarf pürieren. Mit zerdrückten gedämpften Heidel- oder Johannisbeeren bzw. durch ein Sieb gedrückten gedämpften Pflaumen servieren. Falls erforderlich, das Obst mit Apfelsaft süßen. Wenn das Kind bereits kauen kann, können Sie ihm auch rohe Heidelbeeren oder süße, reife Pflaumen auf die Hand geben.

ENGLISCHER PUDDING MIT SCHOKOPFÜTZE

Im Inneren dieses köstlichen Desserts verbirgt sich flüssige Schokoladensauce. Da es etwas reichhaltiger ist, sollten Sie es nur nach einer leichten Mahlzeit servieren. Frische Himbeeren sind als Beilage ideal.

- 125 g dunkle Schokolade (mindestens 50% Kakaoanteil), in kleinen Stücken
- 1 EL Wasser
- 150 g Butter
- 150 g Zucker
- 4 Eier, verquirlt
- 1 TL natürliches Vanilleextrakt (aus dem Reformhaus), ersatzweise 5 Tropfen Vanillearoma
- 175 g Mehl
- 3 TL Backpulver
- 25 g Kakaopulver
- 75 ml Milch oder Wasser

zum Servieren

- Himbeeren, Tiefkühlware aufgetaut
- Joghurt oder Schlagsahne

Die Schokolade mit dem Wasser in eine Schlagschüssel oder eine andere hitzebeständige Schüssel geben, in einen Topf mit köchelndem Wasser hängen und unter Rühren schmelzen lassen. Sobald die Schokomasse glatt ist, die Schüssel vom Herd nehmen.

Butter und Zucker in einer großen Schüssel cremig schlagen. Nach und nach die Eier unterrühren. Zuletzt Vanilleextrakt oder -aroma und 1 Esslöffel Mehl zufügen.

Das restliche Mehl mitsamt dem Back- und Kakaopulver zusieben und mit einem großen Metalllöffel unterziehen. Anschließend abwechselnd geschmolzene Schokolade und Milch oder Wasser einrühren.

Den so vorbereiteten Teig in eine Souffléform (1,8 Liter Inhalt) füllen und 30 Minuten in einem auf 180 °C vorgeheizten Backofen backen.

Den fertigen Pudding sofort mit frischen Himbeeren und Joghurt oder Sahne servieren.

NÄHRWERTBONUS

- Schokolade enthält Theobromin und andere anregende Substanzen, die stimmungsaufhellend wirken und glücklich machen.

VARIATIONEN FÜR SÄUGLINGE

Nicht geeignet. Für alternative Beikost vgl. S. 16–19.

- Wird das Dessert nicht sofort gegessen, verschwindet die Schokopfütze möglicherweise, da sie von dem Teig, der sie umgibt, aufgesogen wird.

- Für kleine Puddings in Portionsgröße die Mischung auf entsprechend kleine Backformen verteilen und nur 20 Minuten backen.

Lunchpakete

Es ist immer ein wenig aufregend, ein Lunchpaket zu öffnen – zahlreiche Erwartungen werden an den geheimnisvollen Inhalt gestellt. Glücklicherweise ist es gar nicht schwer, diese zu erfüllen – Sie müssen lediglich ein wenig vorausplanen. Denken Sie immer daran, dass ein Lunchpaket genauso nahrhaft sein sollte, wie jede andere Mahlzeit. Eine ausgewogene Zusammenstellung des Inhalts wird Ihrem Kind helfen, bis spät in den Nachmittag hinein in Form zu bleiben.

ZAUBERHAFTE HÄHNCHENSCHENKEL

Hähnchen ist bei Kindern immer beliebt, vor allem, wenn es wie hier nach Barbecue-Art zubereitet wird. Im Backofen erhalten die marinierten Schenkel ihre appetitliche glänzend braune Farbe, die sofort zum Reinbeißen einlädt.

150 ml Naturjoghurt
2 EL Gelee von roten Johannisbeeren
1 EL körniger Senf
1 Knoblauchzehe, zerdrückt
geriebene Schale und Saft von ½ Zitrone
6–8 Hähnchenunterschenkel, nach Belieben enthäutet
schwarzer Pfeffer

Joghurt, Gelee, Senf, Knoblauch sowie Zitronenschale und -saft für die Marinade in einer Schüssel mischen und mit Pfeffer würzen. Die Schenkel zufügen und rundum in der Marinade wenden. Anschließend abdecken und mindestens 30 Minuten, besser aber mehrere Stunden im Kühlschrank marinieren.

Die Schenkel noch einmal in der Marinade wenden, dann in einen flachen Bräter geben und 40–45 Minuten in einem auf 190 °C vorgeheizten Backofen garen, bis sie goldbraun und knusprig sind. Etwa zur Hälfte der Garzeit die Schenkel wenden und erneut mit Marinade bestreichen.

Die fertigen Hähnchenschenkel abkühlen lassen und zum Transport in Wachspapier einwickeln.

NÄHRWERTBONUS

• Hähnchenfleisch enthält viele Proteine (für Wachstum und Wundheilung).

VARIATIONEN FÜR SÄUGLINGE

Für eine mildere Marinade nur 1 Teelöffel Senf verwenden.

4 Monate Nicht geeignet. Füttern Sie stattdessen verdünnten Kartoffelbrei.

5–6 Monate Fleisch mit Milch oder Wasser und gekochter Kartoffel pürieren.

6–9 Monate Wenn das Kind kauen kann, das Fleisch sehr fein hacken und mit Raita servieren. Den Kartoffelbrei separat dazu reichen.

10–12 Monate Das Fleisch fein hacken, Raita und Kartoffelbrei separat füttern.

• Eine kleine Portion Raita ergibt einen hervorragenden Dip für die Schenkel. Dazu ein 10-cm-Stück Salatgurke würfeln und mit 175 g probiotischen Naturjoghurt mischen.
• Bereiten Sie die Schenkel einen Tag im Voraus zu, damit sie über Nacht abkühlen können, bevor sie am nächsten Morgen ins Lunchpaket kommen.
• Legen Sie dem Lunchpaket Servietten oder Küchenpapier bei, damit sich Ihr Kind nach dem Verzehr die Hände säubern kann.

GEMÜSETASCHEN MIT KÄSE

Diese schmackhaften Mini-Pasteten kann man auch hervorragend als Zwischenmahlzeit servieren. Das für die Füllung verwendete Gemüse können Sie ganz auf den Geschmack Ihrer Familie abstimmen – Mais, grüne Bohnen und Zucchini etwa ergeben eine ebenso köstliche Füllung.

für 8 Taschen

Teig

125 g Vollkornweizenmehl
125 g Weizenmehl
150 g Butter, in Flocken
etwa 2 EL kaltes Wasser

Füllung

3 EL Oliven-, Raps- oder Walnussöl
1 kleine Zwiebel, fein gehackt
2 TL Mehl
225 ml Milch
1 Karotte, gerieben
1 kleine Kartoffel, fein gewürfelt
125 g kleine Brokkoliröschen
50 g tiefgekühlte Erbsen
verquirltes Ei zum Bestreichen

Kirschtomaten oder Tomatensalat, zum Servieren (nach Belieben)

• Wenn Sie schon einmal bei der Zubereitung sind, lohnt es sich, gleich die doppelte Menge zuzubereiten und den Rest für später einzufrieren.

Mehl und Butter für den Teig in einer Küchenmaschine zu einer feinkrümeligen Mischung verarbeiten. Das Wasser zugießen und rasch einarbeiten, bis ein glatter Teig entsteht. Bleibt der Teig zu trocken, noch etwas Wasser zufügen. Den fertigen Teig in Frischhaltefolie wickeln und, während die Füllung zubereitet wird, in den Kühlschrank legen.

Das Öl in einem Topf erhitzen. Die Zwiebel darin 3 Minuten dünsten. Das Mehl zufügen und anschwitzen, dann die Milch einrühren. Käse, Karotte, Kartoffel, Brokkoli und Erbsen zugeben. Alles aufkochen und das Gemüse 2 Minuten unter Rühren kochen, bis die Sauce eingedickt ist. Dann abkühlen lassen.

Den Teig in 8 Portionen teilen. Jede davon zu einem Kreis (16 cm Ø) ausrollen. Die Ränder begradigen und mit verquirltem Ei bestreichen. Die vorbereitete Füllung auf die Teigkreise geben. Diese in der Mitte zusammenklappen und an den Rändern zusammendrücken, so dass geschlossene Taschen entstehen.

Die so vorbereiteten Teigtaschen auf ein gefettetes Backblech legen, mit dem restlichen Ei bestreichen und etwa 25 Minuten in einem auf 200 °C vorgeheizten Backofen goldbraun backen.

Die fertigen Taschen vollständig abkühlen lassen, bevor sie ins Lunchpaket gegeben werden. Als Zwischenmahlzeit warm oder kalt mit Kirschtomaten oder Tomatensalat servieren.

NÄHRWERTBONUS

- Das für den Teig verwendetet Vollkornmehl enthält viele Ballaststoffe.
- Milch, Mehl und Karotten versorgen den Körper mit reichlich Kalzium, welches das Wachstum unterstützt und für starke Knochen und Zähne sorgt.

VARIATIONEN FÜR SÄUGLINGE

4–6 Monate Nicht geeignet. Füttern Sie stattdessen mit etwas Milch, Wasser oder Kochsud verdünnten Brokkoli-, Karotten- oder Kartoffelbrei. Für Babys, die die diese Gemüsesorten bereits kennen, können sie zusätzlich mit ein paar zerdrückten Erbsen verfeinert werden.

6–12 Monate Die Taschen pürieren oder, wenn das Kind bereits kauen kann, in mundgerechte Stücke schneiden.

SANDWICHES

Vielfalt ist das Wichtigste bei belegten Broten, doch sie ist nicht allein entscheidend. Wichtig ist auch, dass die Füllung saftig, aber nicht matschig, bissfest, aber nicht hart und trocken ist, und dass sie zu der gewählten Brotsorte sowie dem verwendeten Aufstrich passt.

BROT

Verwenden Sie verschiedene Sorten für die Sanwiches. Weiß- oder Graubrot enthält bei Weitem nicht so viele Nähr- und Ballaststoffe wie Vollkornbrot. Sie und Ihre Familie sollten Vollkornbrot daher, wenn möglich, bevorzugen. Probieren Sie zur Abwechslung auch einmal Roggen-, Hafer- oder Mischbrot. Schwarzbrot und Pumpernickel sind eine weitere Alternative.

Brote, die Körner oder gehackte Nüsse enthalten, schmecken gut, sind aber für Kinder unter 5 Jahren nicht geeignet, da sie sich an den Körnern oder Nussstücken verschlucken können.

Brötchen, Baguette, Ciabatta und Pita-Brot sind übrigens eine ebenso gute Grundlage für Sandwiches wie einfache Brotscheiben. Auch Vollkorn-Cracker und Reiswaffeln bieten eine gute Basis für verschiedene Beläge.

AUFSTRICHE

Es muss nicht immer Butter oder Margarine sein. Seien Sie kreativ und wählen Sie einen Aufstrich, der zum Belag passt und außerdem zusätzliche Nährstoffe liefert. Überlegen Sie auch, ob Sie überhaupt einen Aufstrich benötigen. In erster Linie dient er dazu, das Brot saftig und frisch zu halten. Manche Beläge erfüllen allerdings die Kriterien für einen Belag wie für einen Aufstrich gleichermaßen. Hier ein paar Ideen für kreative Aufstriche:

- eine Avocado mit 1 Teelöffel Zitronensaft zerdrückt
- Butter oder Margarine (Vollfettprodukte für Kinder unter 5 Jahren)
- Frischkäse (Vollfettprodukte für Kinder unter 5 Jahren)
- Quark (Vollfettprodukte für Kinder unter 5 Jahren)
- Sahnemeerrettich (nicht für Säuglinge)
- Hummus (S. 116)
- Mayonnaise
- Tapenade (Olivenpaste; nicht für Säuglinge)
- Erdnussbutter
- pflanzliche Brotaufstriche aus dem Reformhaus
- Apfelmus

- Nuss-Nugat-Cremes sind zwar gerade bei Kindern beliebte Brotaufstriche, aber in den ersten Jahren sollte auf sie verzichtet werden, da sie ziemliche Dickmacher und wegen des hohen Zuckergehalts auch schlecht für die Zähne sind.

- Die Brote für ein Lunchpaket in Plastikbeutel oder Butterbrotpapier einwickeln, damit sie bis zum Verzehr saftig und frisch bleiben.
- Damit die Sandwiches nicht zu trocken sind, muss das verwendete Brot unbedingt frisch sein. Kleine Brötchen oder vorgeschnittene Scheiben können kurz vor der Zubereitung auch direkt aus dem Gefrierfach genommen und noch gefroren belegt werden, bis zum Verzehr sind sie dann aufgetaut.

BELÄGE

Probieren Sie die folgenden Vorschläge (die Angaben gelten für je 1 Sandwich)

- **Rote Bete und Frischkäse** 50 g gekochte Rote Bete (nicht in Essig eingelegt) reiben und mit 1 Esslöffel Frischkäse mischen.
- **Speck, Salat und Tomate** 2 knusprig gebratene Scheiben Frühstücksspeck grob hacken und mit 2 klein gezupften Salatblättern sowie Scheiben von 1 Tomate mischen.
- **Käse und Olive** 25 g geriebener Edamer mit 1–2 entsteinten und gehackten Oliven mischen.
- **Huhn und Aubergine** Das Brot mit Scheiben von gegrilltem Hähnchenbrustfilet und gegrillten Auberginen belegen.
- **Huhn und Avocado** ⅓-½ Avocado mit 1 Teelöffel Zitronensaft zerdrücken, 2 Scheiben gegrilltes Hähnchenbrustfilet unterrühren.
- **Gurke und Sardine** 1 Sardine aus der Dose zerdrücken, auf dem Sandwich verstreichen und dieses mit Gurkenscheiben belegen.
- **Ei und Kresse oder Sellerie** 1 hartgekochtes Ei zerdrücken, mit 2 Teelöffeln Mayonnaise mischen und mit Kresse oder gehacktem Sellerie verrühren.
- **Leberwurst und Salat** Das Brot mit Leberwurst bestreichen und die Salatblätter darauflegen. Fettarme Mayonnaise ist hierfür ein idealer Aufstrich.
- **Käse und Karotte** 1 fein geriebene Karotte mit 25 g geriebenem Käse mischen. Nach Belieben etwas Chutney zufügen.
- **Lachs und Salat** 50 g Lachs aus der Dose mit 1 Esslöffel Mayonnaise zerdrücken. Das Brot damit bestreichen, dann mit Salatblättern belegen.
- **Thunfisch und Paprika** 50 g Thunfisch aus der Dose mit fein gehakter roter Paprika mischen. Nach Belieben 1 Esslöffel Mais zufügen.

NÄHRWERTBONUS

- Nahrhaft belegt können 1–2 Sandwiches eine vollwertige Mahlzeit ersetzen.

VARIATIONEN FÜR SÄUGLINGE

Geben Sie Säuglingen niemals Brote mit Speck, Oliven, Leberwurst, Meerrettich, Erdnussbutter, Chuntey oder Tapenade.

4–6 Monate Nicht geeignet. Füttern Sie stattdessen mit Milch oder Wasser verdünntes Avocado- oder Bananenmus. Säuglinge über 5 Monate können zusätzlich püriertes Geflügel erhalten.

6–9 Monate Ein Brot mit einem weichen Belag in kleine Stücke schneiden und mit etwas Milch oder Wasser aufweichen, fester muss separat püriert werden.

9–12 Monate Einem Kind, das bereits kauen kann, ein kleines Brot mit weichem Belag auf die Hand geben. Geflügel und Fleisch sind für ein Kind bis zu einem Alter von mindestens 10 Monaten immer noch schwer zu kauen. Diese Zutaten müssen püriert und separat gereicht werden.

TORTILLA-RÖLLCHEN

4–8 Weizenmehltortillas

Füllung

2 EL Maiskeim-, Oliven- oder Rapsöl
½ TL Cayennepfeffer
2 TL Zitronensaft
6 EL Naturjoghurt
375 g Hähnchenbrustfilet, in Streifen
1 Zwiebel, gehackt
1 Knoblauchzehe, zerdrückt
2 Karotten, in dünnen Scheiben
1 grüne Paprika, gehackt (nach Belieben)

zum Servieren

Salat oder Kirschtomaten (im Lunchpaket)
grünes Blattgemüse (bei Tisch)

• Die Tortillas schmecken auch sehr gut mit einer Füllung aus Bohnen-Variationen (S. 69).

Kleine gefüllte Brotröllchen mögen Kindern sehr gern, weil sie gut auf der Hand gegessen werden können. Statt der Weizenmehltortillas können sie auch selbst gemachte herzhafte Crêpes oder Reismehlfladen (erhältlich in asiatischen Lebensmittelgeschäften) verwenden. Auch die Füllung können Sie nach Belieben variieren.

Für die Füllung 1 Esslöffel Öl mit Cayennepfeffer, Zitronensaft und Joghurt in einer Schüssel vermengen. Das Fleisch zufügen und nach Möglichkeit 30 Minuten in der Joghurtmischung marinieren.

Das restliche Öl in einer großen Pfanne erhitzen. Zwiebel, Knoblauch und Karotten darin 5 Minuten unter gelegentlichem Rühren dünsten. Dann das marinierte Hähnchenbrustfilet und die Paprika (falls verwendet) zufügen und alles 15 Minuten unter gelegentlichem Rühren bei mittlerer Hitze braten, bis das Fleisch gar ist.

Werden die Röllchen unmittelbar nach der Zubereitung serviert, die Tortillas sofort füllen, andernfalls die Füllung zunächst abkühlen lassen. Je einen Teil der Füllung auf eine Tortillahälfte geben, die ungefüllte Hälfte darüberschlagen und die Fladen zusammenrollen.

Die fertigen Röllchen zum Transport in Wachspapier einschlagen und Kirschtomaten oder einen Salat als Beilage einpacken. Beim Verzehr zu Hause gedünstetes grünes Blattgemüse zu den Röllchen reichen.

NÄHRWERTBONUS

• Füllen Sie Brotröllchen wie diese mit reichlich Gemüse. So bringen Sie Ihre Kinder ganz leicht dazu, die 5 empfohlenen Portionen Obst und Gemüse pro Tag zu verzehren.

VARIATIONEN FÜR SÄUGLINGE

4–6 Monate Nicht geeignet. Füttern Sie stattdessen Ihr Baby mit Milch oder Wasser verdünnten Brei von gedämpften Karotten oder grünem Blattgemüse. Babys können ab einem Alter von 5 Monaten zusätzlich etwas püriertes Hühnerfleisch erhalten.

6–12 Monate Pürieren Sie die Füllung mit etwas Joghurt. Wenn das Kind Fleisch gut kauen kann (ab einem Alter von etwa 10 Monaten), können Sie die Röllchen sehr fein aufschneiden und füttern. Ab einem Alter von etwa 9 Monaten können Kinder etwas klein geschnittene mit Wasser oder Milch aufgeweichte Tortilla mit Bohnen erhalten.

ALLES ZUM DIPPEN

ZUM EINTUNKEN

- Streifen von Pita-Brot, Vollkornbrot und Baguette
- (Vollkorn-)Cracker, Käsestangen und Gemüsechips
- Sellerie-, Karotten-, Gurken- und Paprikastreifen, rohe Blumenkohlröschen und Babymaiskolben aus dem Glas
- knackige Salatblätter, z. B. von Chicoree oder Eisbergsalat
- Apfel-, Birnen und Bananenstücke (mit Zitronensaft beträufelt, damit sie nicht braun werden)
- Erdbeeren, Kirschtomaten
- Hähnchenunterschenkel (S. 109), Streifen von gegrillter Hähnchenbrust
- Hartkäsestreifen (z. B. von Gouda oder Edamer)

WEITERE KNABBEREIEN

- ganze Bananen, Birnen, Äpfel, Pflaumen, Heidelbeeren, kernlose Trauben oder Erdbeeren
- große Mango- und Melonenstücke (mit Zitronensaft beträufelt)
- Ananasscheiben (frisch oder im eigenen Saft aus der Dose)
- getrocknete Aprikosen und Pflaumen, Rosinen
- Spalten von hartgekochten Eiern
- entsteinte Oliven

Gesunde Knabbereien komplettieren jedes Lunchpaket. Packen Sie sie neben den größeren, sättigenden Speisen, wie Sandwiches, ein, um für eine ausgewogene Mahlzeit zu sorgen. Frische Dips mit einer leckeren Knabberei sind bei Kindern stets willkommen. Abgesehen davon sind Dips und alles, was man in sie hineintunken kann, ideale Party-Snacks.

Dips sollten stets so dickflüssig sein, dass man sie mit allem, was man hineintunkt, gut aufnehmen kann. Decken Sie sie mit Frischhaltefolie ab, falls Sie sie im Voraus zubereiten, da sie ansonsten eventuell austrocknen oder sich verfärben. Die Knabbereien zum Hineintunken sollten Sie in eine separate Box packen. Hier einige Vorschläge für schmackhafte Dips:

Frischkäse-Ananas-Dip 125 g Frischkäse mit 1 Esslöffel Mayonnaise und 2 gehackten Ananasscheiben (frisch oder im eigenen Saft aus der Dose) mischen. Nach Belieben 25 g Schinkelwürfel zufügen.
Hummus 425 g abgetropfte Kichererbsen aus der Dose mit 3 Esslöffel Tahin (Sesampaste), 1 Knoblauchzehe, 1 Esslöffel Sesamöl und dem Saft ½ Zitrone in einer Küchenmaschine pürieren.
Thunfisch-Dip ½ kleine Zwiebel, 175 g Thunfisch in Öl, 1 Esslöffel Frischkäse oder Mayonnaise und 1 Esslöffel frisch gehackte Petersilie mischen.
Joghurt-Dattel-Dip 175 ml Naturjoghurt mit 50 g gehackten Datteln mischen.

VARIATIONEN FÜR SÄUGLINGE

Auf Cracker, Babymais, Schinken und den Joghurt-Dattel-Dip verzichten.
4–6 Monate Nicht geeignet. Füttern Sie stattdessen mit Kochsud oder Wasser verdünnten Karotten-, Blumenkohl- oder Brokkolibrei. Oder eine mit Milch oder Wasser zerdrückte reife Birne oder Banane. Ab 5 Monaten kann auch mit Wasser verdünntes und mit Gemüse püriertes Geflügel gefüttert werden.
6–9 Monate Füttern Sie einen der oben genannten Vorschläge in gröberer Konsistenz. Fleisch muss immer noch püriert oder sehr fein gehackt werden. Zusätzlich können zerdrückte Heidelbeeren, Erdbeeren, kernlose Trauben und Mango gefüttert werden.
9–12 Monate Wenn das Kind kauen kann, die Speisen in mundgerechte Stücke schneiden. Fleisch muss bis zum Alter von mindestens 10 Monaten weiterhin mit etwas Wasser püriert oder sehr fein gehackt werden. Kann das Kind greifen, geben Sie ihm Streifen von Brot, Karotte, Obst oder Käse auf die Hand. Wenn es mag, lassen Sie es die Streifen auch in die Dips tunken.

FRUCHTIGER REISSALAT

50 g rote Linsen
200 g Langkornreis
2 Mandarinen, Clementinen oder kleine Orangen
2 Kiwis
6 EL frisch gepresster Orangensaft
2 EL flüssiger Honig (nach Belieben)
kaltes Fleisch, kaltes Geflügel oder kalter Fisch (vor allem Lachs oder Thunfisch) zum Servieren

• Geben Sie im Sommer immer einen Eispack oder einen Kühlakku ins Lunchpaket, um sicherzustellen, dass alles darin frisch bleibt.

Auf die Idee Linsen mit Obst zu kombinieren sind Sie wahrscheinlich noch nicht gekommen, doch – zusammen mit etwas Reis – schmeckt es köstlich. Die orange-roten Linsen sind von ähnlicher Farbe wie die kleinen Mandarinen und beide kontrastieren auf appetitliche Weise mit dem Grün der Kiwis. Bereiten Sie den Salat am Vorabend zu, damit er gut durchziehen kann, bevor er ins Lunchpaket kommt.

Die Linsen in einem kleinen Topf mit kochendem Wasser übergießen und 10 Minuten kochen, bis sie gar, aber noch bissfest sind. Dann abgießen und unter fließend kaltem Wasser abspülen. Den Reis in einem separaten Topf garen, dann ebenfalls abgießen und unter fließend kaltem Wasser abspülen.

Die Zitrusfrüchte schälen, filetieren und in kleine Stücke schneiden. Die Kiwi schälen und klein schneiden. Orangensaft und Honig (falls verwendet) verrühren und alles mit Reis und Linsen in einer Schüssel mischen. Diese abdecken und den Salat bis zum Verzehr kalt stellen. Fleisch, Geflügel oder Fisch als Beilage reichen.

NÄHRWERTBONUS

- Kiwi, Mandarinen und Orangensaft geben diesem Salat sehr viel Vitamin C.
- Die Linsen liefern langanhaltende Energie und eine kleine Portion Proteine.

VARIATIONEN FÜR SÄUGLINGE

Den Honig weglassen; Mandarinen allein sind in der Regel süß genug.

4–6 Monate Nicht geeignet, da hier zu viele Nahrungsmittel kombiniert werden. Die einzelnen Bestandteile können allerdings separat gereicht werden. Füttern Sie beispielsweise etwas Kiwimus oder, falls das Kind dies schon kennt, mit Kiwimus gemischten Milchreis (S. 106)

6–12 Monate Den Salat pürieren, wenn das Kind noch nicht kauen kann. Im anderen Fall das Obst in mundgerechte Stücke schneiden.

COUSCOUS-SALAT

200 g Couscous
250 ml heiße selbst gemachte Gemüsebrühe (S. 51)
2 Äpfel mit roter Schale, gewürfelt
125 g Gouda, gewürfelt
75 g Rosinen
8 EL Apfelsaft
2 EL frisch gehackte Petersilie (nach Belieben)
kaltes Fleisch, kalter Fisch oder gegrilltes Gemüse zum Servieren

Dieser eher ungewöhnliche Salat mit seiner herzhaft-süßen Füllung kann einige Tage im Kühlschrank aufbewahrt werden. Als Beigabe zu Lunchpaketen ist er ebenso geeignet wie als gesunde Zwischenmahlzeit.

Den Couscous in einer hitzebeständigen Schüssel mit kochendem Wasser übergießen, abdecken und 15 Minuten quellen lassen. Dann in eine saubere, kalte Schüssel umfüllen, mit einer Gabel auflockern und abkühlen lassen.

Äpfel, Käse, Rosinen und Petersilie (falls verwendet) zum erkalteten Couscous geben und gründlich untermengen. Den fertigen Salat abdecken und bis zum Verzehr kalt stellen. Fleisch, Fisch oder Gemüse als Beilage reichen.

NÄHRWERTBONUS

• Apfel und Rosinen entsprechen gemeinsam einer der 5 pro Tag empfohlenen Obst- und Gemüseportionen.

VARIATIONEN FÜR SÄUGLINGE

4–6 Monate Nicht geeignet. Füttern Sie stattdessen mit etwas Apfelsaft oder Milch verdünntes Apfelmus oder mit etwas Brühe zerdrücktes Auberginenfleisch.

6–12 Monate Den Salat mehr oder weniger fein pürieren, bis das Kind kauen kann.

• Probieren Sie die Zubereitung auch mit anderen Obstsorten aus, z. B. mit Trauben, gehackten Trockenaprikosen oder -pflaumen.
• Statt Gouda können Sie auch Edamer, Gruyère oder Mozzarella verwenden.

APFEL-MUFFINS

Muffins lassen sich schnell und leicht zubereiten. Sie passen nicht nur gut in ein Lunchpacket, sondern schmecken auch bestens zum Frühstück. Man gibt sie zum Aufwärmen einfach 20 Sekunden in die Mikrowelle. Am besten schmecken Muffins allerdings frisch oder wenn sie noch am Tag der Zubereitung eingefroren worden sind.

für 12 Muffins

125 g Weizenmehl
125 g Weizenvollkornmehl
1 EL Backpulver
50 g mittelfeines Hafermehl, plus etwas mehr zum Bestäuben
50 g Rohrohrzucker
3 kleine Tafeläpfel, gewürfelt
50 g Rosinen
50 g Butter, zerlassen und leicht abgekühlt
150 g Joghurt
150 ml Milch
1 Ei
5 EL flüssiger Honig
gedämpfte Äpfel, gedämpfte Pflaumen oder Pflaumenmus zum Servieren (nach Belieben)

• Mit entsprechenden Backformen aus gut sortierten Haushaltswarengeschäften können Sie auch Mini-Muffins zubereiten. Der Teig reicht dann für 24 Stück, die Backzeit reduziert sich auf 15–18 Minuten.

Zunächst 12 Vertiefungen in einem Muffin-Blech mit speziellen Muffin-Papier-Manschetten auskleiden. Mehl, Backpulver, Hafermehl und Zucker in einer Schüssel mischen, dann Äpfel und Rosinen einrühren.

Butter, Joghurt, Milch, Ei und Honig in einer separaten Schüssel glatt rühren. Diese Mischung zu den trockenen Zutaten geben und rasch einarbeiten, bis alle Bestandteile gerade verbunden sind; keinesfalls zu lange schlagen.

Den fertigen Teig in die Papiermanschetten füllen und mit zusätzlichem Hafermehl bestreuen. Die Muffins 18–20 Minuten in einem auf 200 °C vorgeheizten Backofen backen, bis sie fest sind. Dann auf einem Kuchengitter abkühlen lassen.

Die erkalteten Muffins in ein Lunchpaket füllen oder noch warm mit gedämpften Äpfeln oder Pflaumen oder Pflaumenmus servieren.

NÄHRWERTBONUS

• Hafermehl besitzt einen niedrigen GI (S. 31, Müdigkeit), d. h. es versorgt den Körper langanhaltend mit Energie und bringt Ihre Kinder daher gut durch den Vormittag.

VARIATIONEN FÜR SÄUGLINGE

Am besten verzichtet man darauf, Säuglingen gezuckerte Lebensmittel wie diese Muffins zu geben.

4–9 Monate Nicht geeignet. Füttern Sie stattdessen mit Milch oder Wasser verdünntes Apfelmus.

9–12 Monate Gelegentlich ein kleiner Muffin (d. h. nicht mehr als einen pro Woche) wirkt sich auf ältere Säuglinge nicht schädlich aus – vorausgesetzt Zähne und Zahnfleisch werden anschließend gründlich geputzt. Es empfiehlt sich jedoch, bei der Zubereitung statt des Honigs die doppelte Menge Zucker zu verwenden, da Honig in seltenen Fällen bei Säuglingen eine Lebensmittelvergiftung hervorrufen kann.

Backwaren

Sobald die köstlichen Aromen von Frischgebackenem Ihre Küche erfüllen, werden sie Ihre Familie magisch anlocken. Fertig gekaufte Backwaren sind zwar oft auch von guter Qualität, doch sie enthalten meist unnötige Zusätze und kosten in der Regel mehr als Selbstgemachtes. Wer selbst backt, kann daher nicht nur genau kontrollieren, was die Familie im Einzelnen zu sich nimmt, sondern spart auch bares Geld und kann vor allem kleine Köstlichkeiten anbieten, die wohl jeden begeistern.

SCHOKOKEKSE

für 14–16 Kekse

125 g Vollkornweizenmehl
1 TL Backpulver
125 g Haferflocken
125 g Butter, zerlassen und abgekühlt
40 g Vollrohrzucker
1 Ei, verquirlt
150 g hochwertige, dunkle, weiße oder Milchschokolade, in kleinen Stücken

zum Servieren (nach Belieben)

frische Himbeeren oder Erdbeeren
Crème fraîche

- Besonders schokoladig werden die Kekse, wenn für die Zubereitung Schokolade mit mindestens 70 % Kakaoanteil verwendet wird.
- Butter und Schokolade enthalten viele gesättigte Fettsäuren, achten Sie daher darauf, dass gerade ältere Kinder nicht zuviel davon essen.

Diese appetitlichen kleinen Kekse bersten fast vor Schokolade, der Teig muss daher kaum gezuckert werden. Haferflocken und Vollkornmehl liefern komplexe Kohlenhydrate, die langfristige Energie garantieren.

Mehl, Backpulver und Haferflocken in einer Schüssel mischen. Butter, Zucker, Ei und Schokolade zufügen und alles gut verrühren.

Teelöffelgroße Kugeln von der Teigmasse abstechen, leicht flachdrücken und auf eine eingefettetes Backblech legen. Die so vorbereiteten Kekse etwa 15 Minuten in einen auf 200 °C vorgeheizten Backofen geben, bis sie leicht gebräunt und gut aufgegangen sind. Dann 2 Minuten auf dem Blech auskühlen lassen, danach auf ein Kuchengitter geben und vollständig erkalten lassen.

In einem luftdicht verschließbaren Behälter sind die Schokokekse 4 Tage haltbar. Reichen Sie sie als Snack oder mit Obst und Crème fraîche als Dessert.

NÄHRWERTBONUS

- Der Kakaoanteil in Schokolade enthält viel Vitamin B für starke Nerven und Antioxidantien, die die Gesunderhaltung der Arterien unterstützen. Aus diesem Grund ist Schokolade mit einem hohen Kakaoanteil zu bevorzugen.
- Vollkornmehl enthält mehr Ballaststoffe und Vitamin B als Weißmehl.

VARIATIONEN FÜR SÄUGLINGE

4–9 Monate Nicht geeignet. Für alternative Beikost vgl. S. 16–19.

9–12 Monate Säuglinge sollten eigentlich keine gezuckerten Lebensmittel erhalten, Schokolade fällt jedoch definitiv darunter. Gegen vereinzelt mal ein Plätzchen – vielleicht eines pro Woche – ist jedoch nichts einzuwenden, sofern nach dem Verzehr Zähne und Zahnfleisch gründlich geputzt werden.

FRUCHTIGE PUFFREISRIEGEL

Die kleinen Riegel sind als Snack zum Nachmittagskaffee ebenso geeignet wie als Bestandteil von Lunchpaketen oder als Dessert am Abend. Und selbst zubereitet sind sie weitaus günstiger als vergleichbare Fertigprodukte.

für 12–16 Riegel

25 g Butter, in Flocken
125 g kleine Marshmallows, halbiert oder große Marshmallows, geviertelt
2 EL heller Sirup
75 g getrocknete Aprikosen, Pfirsiche oder Mangos, fein gehackt
125 g Puffreis

• Sie können rosa oder weiße Marshmallows verwenden. Da diese nur einfache Kohlenhydrate enthalten, sollte Ihre Familie für den Rest des Tages noch reichlich ballaststoffreiche Kost zu sich nehmen.

Ein kleines Backblech (25 cm x 18 cm) mit Backpapier auslegen oder mit Pflanzenöl besprühen.

Butter, Marshmallows und Sirup in einen großen Topf geben und alles bei geringer Hitze unter Rühren kochen, bis die Butter zerlassen ist und die Marshmallows geschmolzen sind. Die Mischung vom Herd nehmen und Aprikosen sowie Puffreis unterrühren.

Die fertige Masse auf das vorbereitete Backblech geben und glatt streichen. Zum Abkühlen und Festwerden mindestens 1 Stunde ruhen lassen. Anschließend zum Servieren in Riegel schneiden.

NÄHRWERTBONUS

• Puffreis ist reich and Vitamin B – für Wachstum, Kraft und gesunde Nerven.
• Aprikosen, Pfirsiche und Mangos enthalten reichlich Beta-Carotin, ein Pflanzenfarbstoff, der den Zellschutz fördert.

VARIATIONEN FÜR SÄUGLINGE

4–6 Monate Nicht geeignet. Füttern Sie stattdessen eine mit etwas Milch oder Apfelsaft zerdrückte weiche Birne oder einen ebenso zubereiteten gedämpften Apfel.

6–12 Monate Nicht geeignet. Geben Sie Kindern, die bereits kauen können, frische Apfel- oder Birnenstücke auf die Hand. Alternativ können Sie ihnen auch ein Stück Zwieback oder Toast geben.

ERDBEERPLÄTZCHEN

Gemahlene Mandeln und Reismehl verleihen diesen weizenfreien, würzig schmeckenden Plätzchen einen knusprigen Biss. Die Marmeladentupfer in der Mitte sorgen für eine leichte Süße.

für 12 Plätzchen

200 g gemahlene Mandeln
50 g Reismehl
1 TL Lebkuchengewürz (nach Belieben)
5 EL flüssiger Honig
50 g Butter
1 Eigelb
2 TL natürliches Vanilleextrakt (aus dem Reformhaus), ersatzweise 10 Tropfen Vanillearoma
3 EL Erdbeermarmelade

Mandeln, Reismehl und Lebkuchengewürz (falls verwendet) in einer Schüssel mischen.

Honig und Butter in einem kleinen Topf sanft erhitzen, bis die Butter zerlassen ist; anschließend zur Mandelmischung in die Schüssel geben. Eigelb und Vanilleextrakt oder -aroma zufügen und alles gut verrühren.

Teelöffelgroße Stücke vom Teig abstechen und zu kleinen Kugeln formen. Diese leicht flach drücken, auf ein gefettetes Backblech legen und mit dem Finger eine kleine Vertiefung in die Mitte drücken.

Je etwa 1 Teelöffel Marmelade in die Vertiefung geben. Die Plätzchen in einen auf 180 °C vorgeheizten Backofen geben und 15–20 Minuten goldbraun backen. Anschließend 2 Minuten auf dem Blech auskühlen lassen, dann auf ein Kuchengitter geben und vollständig erkalten lassen. In einem luftdicht verschließbaren Behälter sind sie bis zu 2 Tage haltbar.

NÄHRWERTBONUS

• Mandeln enthalten viel Magnesium, Eisen und Zink und mehr Kalzium als andere Nüsse. Die Zugabe von Vitamin-C-reicher Erdbeermarmelade unterstützt die Resorption dieser Mineralstoffe.

VARIATIONEN FÜR SÄUGLINGE

Nicht empfehlenswert. Füttern Sie stattdessen zerdrückte Erdbeeren oder eine alternative Zwischenmahlzeit (Vorschläge s. linke Seite).

• Geben Sie nicht zu viel Marmelade in die Vertiefungen, sie kocht sonst beim Backen über.
• Geben Sie Kindern die Plätzchen erst dann, wenn sie wirklich abgekühlt sind; Marmelade speichert die Hitze länger, als Sie zunächst vielleicht annehmen.

BROWNIES

für 20 Brownies
50 g Butter
2 EL Raps- oder Walnussöl
2 Eier, verquirlt
125 g Roh-Rohrzucker
1 TL natürliches Vanilleextrakt (aus dem Reformhaus), ersatzweise 5 Tropfen Vanillearoma
125 g Mehl
1½ TL Backpulver
40 g Kakaopulver
50 g getrocknete Kirschen, gehackt (nach Belieben)
50 g geriebene Haselnüsse (nach Belieben)
Naturjoghurt zum Servieren (nach Belieben)

• Wer mag, kann statt der Kirschen 75 g gehackte weiße Schokolade unter den Teig mischen.
• Gemahlene Haselnüsse sind in fast jedem Lebensmittelgeschäft erhältlich. In der Küchenmaschine selbst gemahlene ganze Nüsse schmecken jedoch meist besser.
• Brownies sind in einem luftdichten Behälter verpackt mehrere Tage haltbar. Am besten schmecken Sie allerdings, wenn sie noch am Tag der Zubereitung gegessen oder eingefroren werden.

Saftige Schoko-Brownies sind zu jeder Tageszeit eine unwiderstehlich. Mit einem Klacks Joghurt serviert können sie auch als köstliches Dessert fungieren. Die meisten Kinder bevorzugen Brownies pur, ohne eingebackene Nussstückchen. Ein paar enthaltene Stücke weißer Schokolade (s. Tipp) mögen manche Kinder hingegen ganz gern. Brownies lassen sich bestens einfrieren, da sie aber auch in Windeseile verputzt sind, müssen Sie, wenn sie etwas einfrieren wollen, definitiv die doppelte Menge zubereiten.

Eine quadratische Backform (20 cm Seitenlänge) mit Backpapier auslegen.

Die Butter bei geringer Hitze in einem großen Topf zerlassen. Den Topf vom Herd nehmen und Öl, Eier, Zucker und Vanilleextrakt oder -aroma zufügen. Dann zunächst Mehl und Kakaopulver, anschließend Kirschen und Haselnüsse (falls verwendet) unterrühren.

Den Teig in die vorbereitete Form füllen und 30 Minuten in einem auf 180 °C vorgeheizten Backofen backen. Anschließend 10 Minuten abkühlen lassen und danach in kleine Würfel schneiden. Die fertigen Brownies vor dem Verpacken vollständig auskühlen lassen. Entweder pur oder mit Joghurt als Dessert servieren.

NÄHRWERTBONUS

• Echtes Kakaopulver aus dem reinen Mehl der Kakaobohne enthält antioxidativ wirkende Flavonoide, die den Zellschutz fördern.
• Nüsse sind besonders reich an essenziellen Fettsäuren, die für einen gesunden Hormonhaushalt notwendig sind und darüber hinaus entzündungshemmend wirken.
• Der Duft, den Schokolade und Kakaopulver beim Backen verströmen setzt die auch als Glückhormone bezeichneten Endorphine frei, die neben ihrer anregenden Wirkung zusätzlich das Immunsystem stärken.

VARIATIONEN FÜR SÄUGLINGE

Nicht geeignet, da Backpulver Natrium enthält.
4–9 Monate Füttern Sie stattdessen selbst gemachtes Aprikosen- oder Apfelmus oder zerdrückte Kirschen, Pfirsiche oder Birnen, bei Bedarf mit etwas Apfelsaft verdünnt.
9–12 Monate Kann das Kind bereits kauen und greifen, kann ihm statt oben genannter Alternativen auch Zwieback oder ein Stück Toast auf die Hand geben.

Register